LA CURA POR IMPOSICION DE LAS MANOS

LA CURA POR IMPOSICIÓN DE LAS MANOS

C.G. Peychard

Margarita Cano

Editora y Distribuidora Tomo II, S.A. de C.V.
Nicolás San Juan 1040, Col. Del Valle
03100 México, D.F.

© 1992 C.G. Peychard, M. Cano
© 1992 Editora y Distribuidora Tomo II, S.A. de C.V.
Nicolás San Juan 1043, Col. DelValle
03100 México, D.F.

ISBN 968-7302-02-X
Miembro de la Cámara Nacional de la Industria Editorial No. 2033

Diseño de portada: Emigdio Guevara
Fotografías: Roberto Suárez
Primera Edición 1992
Segunda Edición 1994

Derechos reservados.
Las características tipográficas de esta obra
son propiedad del editor. Se prohibe su
reproducción parcial o total sin autorización
por escrito de la editorial

Impreso en México - Printed in Mexico

Introducción

El presente libro es una guía para aprender los fundamentos del método de la imposición de las manos, también llamado toque terapéutico o cura con las manos.

Debido a que se cree que cualquier persona tiene la habilidad para contribuir al proceso curativo a través de la imposición de manos, esta obra está dirigida no sólo a los profesionales de la salud, sino a cualquiera que desee aprender dicho método.

La imposición de las manos es una práctica antiquísima inmemorial y universal que se basa en la existencia de una energía vital universal. Dicha energía es un campo de fuerza que se expande en el espacio, y se concentra en mayor medida dentro y alrededor de los organismos vivientes.

La salud se caracteriza precisamente porque la energía vital circula libremente, entrando, atravesando y saliendo del organismo de una manera equilibrada, alimentando todos los órganos del cuerpo. Cuando aparece una enfermedad, el flujo de la energía se bloquea, se transforma y se agota. De esta manera nos concentraremos en el proceso de equilibrar las energías de la persona considerada como un todo.

La práctica de la imposición de las manos se basa en el manejo de energía no física que poseen todos los organismos vivos. De lo que se trata entonces es de captar esta energía vital universal y utilizarla para curar.

Como sucede con cualquier clase de método terapéutico, cada persona responde de manera diferente a la imposición de manos. En ocasiones, más que física, las personas responden psicológicamente. Aunque hay quienes sostienen que la fe es un factor determinante para sanar, se sabe igualmente que la efectividad de la imposición de las manos no depende de las creencias conscientes de quien lo recibe, puesto que sus resultados positivos se han comprobado en bebés y niños menores de cinco años, quienes definitivamente no podrían haber tenido fe en el tratamiento. Asimismo, se han obtenido resultados muy positivos con pacientes que no habían hecho más que pasar su vida yendo de un especialista a otro, y hasta con enfermos desahuciados por la Medicina tradicional.

Por otra parte, una de las grandes ventajas de la imposición de manos es que puede aplicarse en cualquier lugar, directamente, sin intermediarios. Con la observación de ciertos cuidados que se mencionarán más adelante, el método no representa el menor peligro, ni provoca reacciones colaterales perjudiciales, como suele suceder con algunos medicamentos autoadministrados.

Una vez dominadas las técnicas se podrán utilizar para combatir el dolor, para las afecciones crónicas del aparato motor; así como también, en las afecciones psicosomáticas y en una gran cantidad de problemas nerviosos.

Cabe aclarar, sin embargo, que este método es tan sólo un complemento de los procedimientos médicos y quirúrgicos, pero de ninguna manera es un substituto de ellos. El método sirve para aliviar el malestar, y también puede contribuir a acelerar el proceso curativo.

Si bien se sabe de los poderes curativos de la imposición de las manos —que muchas veces han sido comprobados científicamente— el modo de actuar en el organismo, sigue siendo un misterio tan grande como la propia vida.

El método de la imposición de manos

No existe aún un lenguaje común, dado que el presente es un tema nuevo dentro de nuestra cultura y por haber llegado a nosotros a través de diferentes culturas: China, Egipcia, Japonesa, Hindú y Coreana, entre otras.

Sin embargo, muchos occidentales desarrollaron sus estudios sin tener conocimiento de lo que los sanadores orientales estaban investigando o escribiendo al respecto. Cada uno de ellos pretende presentar algo original, los nombres cambian, las técnicas tienen ciertas variaciones, aunque en esencia sean todas iguales.

De esta manera, existen gran cantidad de técnicas, según los métodos de los distintos autores y dependiendo de la cultura que provengan: energía vital, energía radiante, polarización, energía electromagnética, Ki, energía de las manos, Mahikari, imposición de las manos, cura con las manos y tantos otros nombres que podrían utilizarse, todos ellos expresan una realidad única y universal.

La cura por imposición de las manos ha sido objeto de estudio, investigación y aplicación, en muchos países.

En *La cura por las manos* de Chandú se lee: "El magnetismo es una terapia antiquísima. La facultad de utilizarla está, en mayor o menor grado, latente en cada uno de nosotros. El gesto inconsciente del padre que pasa la mano por el lugar adolorido de su hijo que se ha golpeado, puede ser considerado también una forma de magnetismo o terapia energética. La energía personal se transmite sin duda a través de las manos..."

Esta es una de las formas más antiguas de la medicina. Aunque en la antigüedad se considerase que su aplicación provenía de la intervención de fuerzas divinas ocultas y hasta demoníacas, actualmente sabemos que el método se basa en la acción de fuerzas naturales presentes en cada individuo.

Esto quiere decir, que no solamente todo individuo estará en condiciones de disfrutar de esas fuerzas para curarse a sí mismo, sino que estará también en condiciones de infundir en otros su propia energía (fuerza vital) y ayudar con ella a sus semejantes enfermos.

Janet Macrae, en su obra *Manos que curan* señala: "... se cree que el toque terapéutico es una capacidad latente en todos los seres humanos; una semilla... Para que la semilla crezca se necesitan tres cosas: buena salud, compasión y disciplina.

"Buena salud implica considerarse a uno mismo fundamentalmente como un todo o, dicho de otra forma, sentir un estado general de bienestar. Compasión es la capacidad para identificarse plenamente, mediante la afectividad profunda, con las personas que sufren; implica el deseo de ayudar a los demás, sin ninguna otra motivación o interés personal... Se necesita cierto grado de disciplina porque el toque terapéutico es un arte sumamente depurado que se desarrolla con la práctica continua."

Cabe señalar aquí, sin embargo, que la cura con las manos requiere de una mayor amplitud de las percepciones de quien desee convertirse en sanador. Aunque la experiencia de cada persona es única, existen rasgos comunes que se aprecian en el proceso de ampliación de las percepciones o cuando se abre a la canalización de la que hablaremos más adelante. Hay actualmente muchas pruebas de que gran cantidad de seres humanos están elevando sus cinco sentidos habituales hasta niveles suprasensoriales.

El poder de curación por imposición de las manos, forma parte de la apertura del nuevo hombre, porque su práctica implica adentrarse en una nueva dimensión o modalidad de la percepción. Puesto que el campo de energía del paciente atraviesa su cuerpo y se extiende más allá de éste, no se necesita contacto físico para realizar la imposición.

Se parte, asimismo, de la idea de que el mundo es un todo dinámico e interconectado. Todos los organismos comparten la misma energía de vida, por lo tanto, los principios de esta terapia tienen aplicación universal. De esta manera, parece ser que la capacidad para ayudar a sanar no es un don de unos cuantos privilegiados, sino una habilidad innata de todos los seres humanos.

Por esta razón, hay quien asegura que si la imposición de manos es en realidad una atribución del potencial humano, sus posibilidades de desarrollo no tienen limite.

La energía universal y humana

La tradición espiritual india menciona la existencia de una energía universal denominada Prana, misma que se considera el constituyente básico y fuente de toda vida. El Prana o aliento vital fluye por todas las formas que ella misma ha generado.

Los yoguis se adiestran durante décadas en el manejo de esta energía a través de técnicas respiratorias, meditación y ejercicios físicos cuya finalidad es mantener ciertos estados alterados de conciencia y de juventud mucho más allá del alcance de cualquier persona.

Por su parte, los chinos sostienen la existencia de una energía vital a la que denominan Ch'i: toda materia, animada o no, está compuesta por esta energía universal. El Ch'i contiene dos fuerzas polares, el *yin* y el *yang*. Cuando están equilibradas, el sistema vital posee salud física; si se desequilibran, el resultado es la enfermedad.

La energía es una fuerza dinámica que fluye de manera continua y circula a través de todo el cuerpo. Mucha gente, reemplaza la palabra *energía* por *vida*, puesto que la diferencia entre ambas es tan sutil que prácticamente no existe. Cada término es vital para desarrollar una comprensión exacta de la teoría de la energía como se aplica al cuerpo.

Para todos los efectos se puede decir que la vida es una indicación de la energía en el interior del cuerpo. Todo lo que viene a la mente al escuchar la palabra vida, sólo puede realizarse gracias a la energía interior del cuerpo.

La energía es el fundamento de las estructuras sólidas aparentes del cuerpo y de todo lo que se refiere a su anatomía. Todas las funciones vitales, tanto anatómicas como fisiológicas, son sustentadas por la energía en el interior del cuerpo y al mismo tiempo la consumen.

Se considera que la comida y el aire con las primeras fuentes de la energía utilizada por la vida cotidiana antes que un combustible para el metabolismo del cuerpo. Sin embargo, la energía no proviene del aspecto tosco de las moléculas de la comida y del aire sino de lo que se puede llamar su esencia vibratoria, o su electromagnetismo.

El electromagnetismo es una fuerza que la mayoría de la gente no conoce muy bien. Fueron los sabios occidentales quienes verificaron su existencia, aportando así un medio de explicación lógica de numerosos fenómenos hasta entonces inexplicables, resultado del tratamiento por imposición de manos.

El electromagnestismo es una fuerza de intensidad que baña las estructuras atómicas de cada cosa, incluso la atmósfera circundante. Puesto que es una fuerza natural, se relaciona con la energía en el interior del cuerpo.

Por otro lado, muchas enseñanzas esotéricas, por su parte, describen detalladamente el campo energético humano.

Algunos autores emplean el concepto de campo energético para describir tanto las energías física y vital, como todas las funciones y emociones humanas, incluído aquí el pensamiento y la intuición. De esta manera, las emociones no quedan dentro del cuerpo físico que las produce, sino que, en realidad, son energía que se irradia y que se propaga por el campo universal y afectando permanentemente los campos de otros individuos en el medio ambiente.

Por tal razón, con frecuencia se puede percibir el amor o el odio de una persona. Los pensamientos son igualmente energías que emanan de la persona y que son captadas por otros en el medio ambiente.

De este modo, el ser humano constituye un patrón de interacción diferenciado, contenido dentro de una concentración de diversos campos universales de energía. Dicha concentración es lo que se percibimos como nuestro propio ser. Los diferentes campos de un individuo (el físico, el vital, el emocional, el mental y el intuitivo), pueden ser comprendidos en términos de estar relacionados con funciones específicas.

Actualmente, los científicos han demostrado, de muy diver sas formas, que el organismo humano no es una simple estructura física formada por moléculas, sino que como todo lo demás, el hombre está constituido por campos energéticos.

A lo largo de este siglo se han realizado estudios de las características de un campo energético que rodea a los seres humanos y a los objetos. En la actualidad, un gran número de científicos occidentales han realizado observaciones sobre un nivel físico concreto y varios de ellos han sostenido la existencia de una energía universal que penetra en la naturaleza de forma global.

Como se sabe, el ser humano está constituido por todos los elementos físicos a saber: tierra, agua, aire y fuego. Está igualmente, inmerso en un mar de energía que penetra sus sistemas y al interactuar con ellos, los activa todos; desde los más simples hasta los más complejos.

Si se define el campo energético humano como todos los campos o emanaciones del cuerpo del individuo, podrá observarse que muchos componentes de dicho campo, han sido medidos en el laboratorio: los electrostáticos, magnéticos, electrónicos, térmicos, sónicos y visuales. Todas estas mediciones concuerdan con los procesos fisiológicos normales del cuerpo y sirven como vehículo del funcionamiento psicosomático.

Resulta útil considerar las observaciones de los científicos modernos del estudio de los campos de energía dinámica. Esto contribuye a comprender que también el hombre está sujeto a leyes universales. Las personas, como todo lo demás, están constituidas por campos energéticos. También el ser humano tiene mareas, como los océanos. Cambia constantemente.

Se sabe, además, que el campo energético humano fluctúa según la estabilidad psicológica de cada persona. Los pensamientos afectan a los campos energéticos, mismos que, a su vez, actúan sobre nuestro cuerpo y nuestra salud. Hay un campo asociado a los procesos mentales y la variación de este campo causa síntomas psicosomáticos.

Asimismo, se tiene conocimiento de que una actitud mental interior del ser humano, puede ser estimulada, dirigida, intensificada, por una actitud exterior: un gesto, una palabra, etc..

Se han hecho experimentos en los que la energía de un enfermo es modificada por la sola presencia de una persona que se encuentre interesada en él.

Dado que el campo energético está íntimamente relacionado con la salud y el bienestar de la persona, si alguien está enfermo, tal circunstancia se reflejará en su campo energético en forma de flujo desequilibrado de energía o bien de energía estancada.

Si se toma en cuenta que la vida se caracteriza por el intercambio de las diversas propiedades de la energía, puede deducirse que toda obstrucción, ya sea dentro o fuera del organismo o del medio ambiente, se contrapone a las tendencias de la naturaleza y por lo tanto, es contraria a la salud.

La enfermedad siempre va asociada con una disminución de la energía vital. La falta de energía se percibe más fácilmente en áreas con problemas, por ejemplo, donde existe una herida o infección, pero es obvio que una carencia en un sitio específico debilita a la persona completa. La salud implica un equilibrio interno entre los diferentes niveles o dimensiones de la energía, aunado a un intercambio armonioso entre el individuo y el medio ambiente.

El concepto de campo de energía es sustancial con respecto a este proceso, ya que nos permite abastecernos de una fuente inmensa e infinita para sanar.

El hecho de desarrollar la comprensión de la energía y de todo lo que se refiere a su expresión científica -en este caso, en el interior del cuerpo humano- permite al sanador realizar los milagros que se atribuyen a la imposición de manos.

Teniendo un conocimiento perfecto de la manera precisa según la cual la energía circula en el cuerpo, un practicante experimentado puede manipular para su provecho, esta fuerza muy sutil y dominante. Como ya se mencionó, dado que la energía alimenta todas las funciones vitales asociadas con el cuerpo, la posibilidad de regular esta energía nos permite igualmente regular estas funciones que posee; de la misma manera, los disfuncionamientos o las enfermedades del cuerpo pueden ser eliminados al suprimir el desequilibrio de la energía que es la causa invisible de dicha disfunción.

La energía que cura, es una energía del ser humano, del cerebro. Y es tan poderosa que es capaz de viajar distancias increíbles y atravesar paredes de acero y cemento. No conoce barreras ni limites. El único sitio donde no consigue penetrar es en mentes bloqueadas, ya que una mente así está bloqueada por el mismo tipo de energía. Sólo la energía mental se puede resistir a la energía de otra mente.

Por tal motivo, quien no tiene confianza, quien duda, quien no cree, quien padece de ansiedad o preocupación, tiene la mente bloqueada. Esa energía no puede ayudar a esas personas. Esta es la razón de que no toda la gente se beneficie por dicha energía. Por el contrario, la colaboración, la apertura mental, el espíritu abierto y la actitud receptiva por parte de los que buscan ayuda, hacen que la imposición de las manos sea un éxito total.

La imposición de las manos pretende ayudar a la persona a poner en orden su flujo de energía, estableciendo al mismo tiempo, hábitos más equilibrados. Para ello, es necesario que el sanador o emisor utilice su propio campo energético, como un instrumento para restaurar el equilibrio en áreas del campo energético del paciente que están obstruidas o desequilibradas por la enfermedad.

Para usar esta energía y este poder, el sanador, debe tener a la vez un equilibrio de su propia energía. Además de eliminar las obstrucciones y de proporcionar un equilibrio general, el sanador transmite la energía vital necesaria para ayudar a fortalecer al enfermo. El propósito del sanador es convertirse en instrumento de curación para ayudar a los organismos vivos a reencontrar su equilibrio.

El aura humana

A medida que se ha desarrollado el conocimiento esotérico y la física clásica ha cedido su puesto a la teoría de la relatividad y a la electromagnética, el hombre ha podido comprender más la relación existente entre las descripciones objetivas científicas de nuestro mundo y el otro, el de la experiencia humana subjetiva.

Al observarse a sí mismo desde una perspectiva más amplia que antes, el ser humano ha podido ver que es mucho más que un cuerpo físico; está compuesto de capas superpuestas de energía y conciencia.

Se sabe que el hombre se desplaza desde el mundo de la forma sólida estática a otro de campos energéticos dinámicos. ¿Cómo percibe el ser humano dicha información?

V. Inyushin, científico occidental, ha realizado amplias investigaciones sobre el campo energético humano desde los años cincuenta. Basándose en los resultados de sus experimentos, sugiere la existencia de un campo energético bioplásmico compuesto de iones, protones libres y electrones libres.

De cualquier manera, se trata de un estado distinto de los cuatro conocidos de la materia: sólido, liquido, gas y plasma. Inyushin señala que el campo de energía bioplasmática es un quinto estado de aquélla. Las partículas bioplasmáticas son renovadas constantemente por procesos químicos en las células y que su movimiento es continuo.

Cada vez que un obstáculo impide el flujo de esta magnífica energía divina, es como si un objeto opacara la luz del sol. Así como éste tiene su halo, también de las fuerzas vitales del hombre hay un derrame continuo de su maravillosa radiación que con demasiada facilidad se ve sometida a influencias negativas y a su abuso.

Se habla entonces de un universo de campos energéticos vitales, campos de pensamiento y formas bioplasmáticas que se mueven alrededor del cuerpo y se desprenden de él.

Mucha gente conoce el fenómeno desde tiempos muy remotos. Lo que ocurre es simplemente, que se está redescubriendo en nuestros días. Kuthumi, describe estas capas superpuestas de energía y conciencia, de la siguiente manera:

...la manifestación combinada de cuerpo, alma y mente crea, alrededor de la columna vertebral y de la médula oblongada, emanaciones que algunos denominan aura humana y otros campo magnético humano... cada individuo en el que arde la llama de la vida revela lo que es precisamente en el campo energético de su ser y en las emanaciones magnéticas que rodean su forma física...

El campo energético humano es una manifestación de energía universal íntimamente vinculada con la vida humana.

Usualmente se denomina aura, y ha sido descrito como un ente luminoso que rodea el cuerpo físico, penetra en él y que emite su propia radiación característica.

Los investigadores han creado modelos teóricos que dividen el aura en varias capas, a veces denominadas cuerpos, que se interpenetran y rodean mutuamente en capas sucesivas. Para percibir las capas superiores como la quinta, la sexta y la séptima es necesario sumirse en estado meditativo. Las capas alternas del campo están altamente estructuradas, mientras que las intermedias parecen estar compuestas por fluidos coloreados en constante movimiento.

La primera, tercera, quinta y séptima capas tienen una estructura definida, mientras que la segunda, la cuarta y la sexta están compuestas por sustancias semejantes a fluidos, sin poseer una estructura determinada.

Antes de continuar hay que considerar primero qué es exactamente el aura. Es mucho más que un medio o un campo. Es la vida misma. Cada capa es un cuerpo tan real, vivo y activo como nuestro cuerpo físico.

Cada cuerpo existe en una realidad consciente que en cierto modo es igual y distinta a la realidad física. En cierto sentido, cada capa es un mundo en sí misma, pero estos mundos se interconectan y existen sumergidos dentro del mismo espacio en el que experimentamos nuestra realidad física.

Cada capa sucesiva penetra y atraviesa por completo todas las situadas debajo, incluyendo el cuerpo físico. Así, el cuerpo emocional se extiende más allá del cuerpo etéreo, e incluye tanto a éste como al cuerpo físico.

Desde el punto de vista del científico, cada capa puede ser considerada como un nivel de vibraciones más altas, que ocupan el mismo espacio que los niveles de vibración situados debajo y que se extienden más allá. Para percibir las capas de forma consecutiva, el observador debe aumentar su conciencia a cada nuevo nivel de frecuencia.

El hombre posee, por tanto, siete cuerpos, todos los cuales ocupan el mismo espacio simultáneamente, cada uno extendiéndose más allá del último, algo a lo que nadie está acostumbrado en la vida cotidiana normal.

No toda la gente ve el aura y en muchos casos es un error decir que puede verse. Lo que sucede la mayoría de las veces es que el ser interno del que se leen las emanaciones aúricas de los demás, siente dichas emanaciones, de manera que su mente las interpola a través del órgano de la visión. Las impresiones del aura que recibe el impacto, transmitidas a través de los nervios como resultado de que el *lector* expande su conciencia al dominio de la emanación magnética, parecen ser vistas también, cuando en realidad, sólo se sienten. Las vibraciones de la ira muchas veces se registran como ráfagas de color carmesí, del mismo modo que el negro se ve en el aura como la opacidad, causada por pensamientos y sentimientos negativos, de la luz de la Presencia Superior que se descarga, generalmente de modo natural, a través del ser del hombre.

La observación del aura proporciona una amplia información sobre la estructura psicológica de un individuo en proceso de crecimiento personal. Lo que se desarrolla en el aura en cualquier fase del crecimiento guarda una íntima relación con el desarrollo psicológico en dicha fase.

Es importante que el lector recuerde que al abrir su visión clarividente sólo percibirá, las primeras capas del aura. Es probable que tampoco sea capaz de distinguir entre esas capas.

Quizá sólo vea colores y formas, A medida que progrese, se irá sensibilizando hacia frecuencias cada vez más altas, de manera que pueda percibir los cuerpos superiores. También será capaz de distinguir las capas y de centrarse en aquella que elija.

El propio Kuthumi añade:

La lectura profunda del aura humana no es una ciencia común y corriente. Los que quieren intentarla deberían entender que, con un simple cambio en el pensamiento, la fuente del aura... puede cambiar de color, emanación y afinidad magnética, es decir, toda su identidad.

Todos los que se propongan estudiar las emanaciones del aura y del campo energético humano que fluye en el espacio, deberían reconocer que dentro del hombre existe una naturaleza creativa. Al utilizar de manera errónea esta naturaleza, los hombres en incontables vidas, han fabricado condiciones indeseables e insanas que atormentan a casi toda la humanidad.

Se dice que el aura es un especie de eslabón perdido entre la biología y la medicina física y la psicoterapia. Es el lugar donde se localizan todas las pautas sobre emociones, pensamientos, recuerdos y comportamientos que se acostumbra discutir incansablemente en la terapia.

Jack Sarfatti, físico, señala que las cosas están más conectadas o los acontecimientos más correlacionados, en un plano de realidad situado encima de nuestro propio plano físico, y que las cosas de dicho plano se encuentran conectadas a través de otro plano todavía más alto.

A través de sus observaciones puede verse un mundo muy semejante al que se describe más adelante: el mundo del aura y el campo energético universal.

Dentro de él, el hombre existe en más de un mundo. Los cuerpos más elevados del ser humano (frecuencias aurales más altas) son de un orden superior y están más conectados con los cuerpos superiores de otros que nuestros cuerpos físicos. A medida que la conciencia humana apunta hacia frecuencias y cuerpos más elevados, logra conectarse cada vez más, hasta que llega el momento en que el hombre es uno con el universo.

Mediante este concepto, la experiencia meditativa puede ser definida, por tanto, como la elevación de la conciencia a una frecuencia más alta de manera que pueda entonces experimentar la realidad de los cuerpos más elevados, de una conciencia más alta y de los mundos más altos en que el ser humano existe.

Por otro lado, los físicos argumentan que no hay entidades esenciales que constituyan la materia, pues el universo es un todo inseparable, una vasta trama de probabilidades que se entretejen.

Algunas teorías demuestran que el universo manifiesto surge del todo. En tanto que somos partes inseparables de ese todo, podemos entrar en un estado holístico de ser, convertirnos en el todo y penetrar en los poderes creativos del universo para curar de manera inmediata a cualquier persona sin importar el sitio. Algunos sanadores pueden lograr esto hasta cierto punto fusionándose y convirtiéndose en uno con Dios y el paciente.

Llegar a ser sanador significa avanzar hacia este poder creativo universal que se experimenta como amor al reidentificar el yo con el universo, para convertirse en universales; volviéndose *uno* con Dios.

El aura y los siete chakras

Los chakras son aberturas por donde fluye la energía a y desde el aura. Es importante abrir los chakras y aumentar nuestro flujo energético, ya que cuanta más energía dejemos fluir, más sanos nos encontraremos. Por lo que se deduce que esta es una de las tareas que debe realizar el sanador a través del método de imposición de manos.

¿Qué son exactamente los siete chakras y a qué aspectos del desarrollo humano corresponden?

He aquí una breve, pero concisa descripción en el orden ascendente en que se manifiestan, según Ken Dychtwald:

chakra 1

Chakra radical o fundamental, *Muladhara*. Se localiza en la base del espinazo; se relaciona con el magno potencial humano, la energía primitiva y las necesidades básicas de supervivencia.

chakra2

Chakra esplénico, o del bazo, *Svadhistana*. Localizado a nivel de los órganos genitales; se relaciona con los impulsos sexuales y las relaciones interpersonales primarias.

chakra3

Chakra umbilical o *Manipura*. Situado en el ombligo; se relaciona con emociones vulgares, impulsos potentes e identificación social.

chakra4

Chakra cardíaco o del corazón, *Anahata*. Situado sobre el corazón; relacionado con sentimientos de afecto, amor y expresión de uno mismo.

chakra5

Chakra laríngeo o de la garganta, *Vishuddha*. Se sitúa delante de la garganta; se relaciona con la comunicación del pensamiento, la expresión y la autoidentificación.

chakra6

Chakra frontal, *Ajna*. Se sitúa en el espacio entre las cejas; se relaciona con los poderes de la mente y una conciencia de sí mismo incrementada.

chakra 7

Chakra coronario o de la corona, *Sahasrara*. Situado en la parte superior de la cabeza; se relaciona con la experiencia de la auto-realización o la ilustración.

Mujer

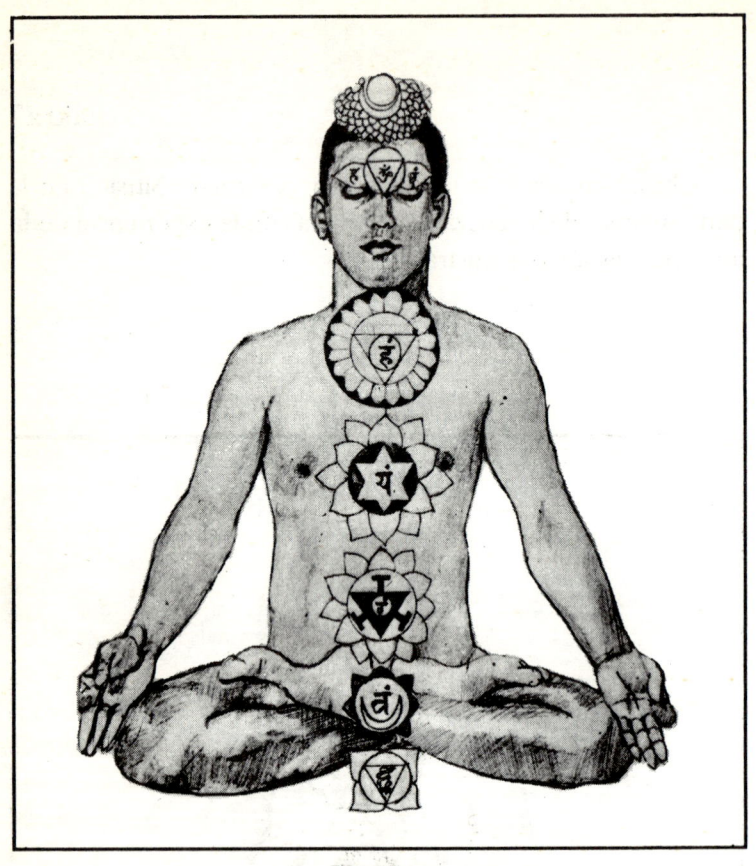

Hombre

Como puede verse, cada uno de esos chakras no sólo corresponde a una región específica del cuerpo físico, sino también a una categoría o cualidad particular del comportamiento y desarrollo humanos. Además, parece haber implicada una progresión en las ubicaciones descriptivas de esos chakras, la cual sugiere un camino que al seguirlo, el individuo pudiera avanzar hacia la salud óptima y a una plena realización de sus potencialidades humanas.

El material psicológico relacionado con cada chakra se lleva a la conciencia aumentando el flujo de energía de uno mismo a través de dicho chakra. Cada uno de los cinco sentidos, a la vez, está asociado con un chakra: el tacto con el primero; el oído, el olfato y el gusto con el quinto (el de la garganta); y la vista con el sexto o tercer ojo.

Igualmente, cada chakra está relacionado con una glándula endocrina y un plexo nervioso mayor.

Los chakras parecen torbellinos turbulentos formados por una red luminosa de forma cónica.

El campo presenta torbellinos turbulentos de forma cónica denominados chakras. Sus puntas señalan hacia la corriente de fuerza vertical principal, y sus extremos abiertos hacia el borde de cada capa del campo en el que están situados. Cada capa del aura está relacionada con un chakra.

La primera capa del campo y el primer chakra están relacionados con el funcionamiento del cuerpo y la sensación física (sentir dolor o placer físicos) y guarda relación con el funcionamiento automático y autónomo del cuerpo.

La segunda capa y el segundo chakra se relacionan, en general con el aspecto emotivo de los seres humanos.

La tercera capa está asociada con nuestra vida mental, con el pensamiento lineal. El tercer chakra está asociado con el pensamiento lineal.

El cuarto nivel, que se relaciona con el chakra del corazón, es el vehículo por medio del cual amamos, no sólo a nuestra pareja sino a la humanidad en general. El cuarto chakra es el que metaboliza la fuerza amatoria.

Por su parte, el quinto nivel está asociado con una voluntad más elevada que tiene mayor conexión con la voluntad divina, y el quinto chakra se asocia además con el poder de la palabra.

El sexto nivel y chakra están relacionados con el amor celestial, que se extiende más allá del alcance del amor humano, abarca toda la vida y establece una declaración de cariño y apoyo para la protección y el alimento de toda vida. Mantiene todas las formas de vida como precisas manifestaciones de Dios.

Por último, la séptima capa y séptimo chakra se asocian con el pensamiento elevado, el conocimiento y la integración de nuestra formación espiritual y física.

Existen por tanto, lugares específicos dentro del sistema energético para las sensaciones, las emociones, los pensamientos, los recuerdos y otras experiencias no físicas.

La comprensión de la forma en la que los síntomas físicos están relacionados con estas posiciones, ayudará a comprender la naturaleza de las distintas dolencias y la diferencia entre los estados de salud y de enfermedad.

De este modo, el estudio del aura puede ser un puente entre la medicina tradicional y las preocupaciones psicológicas. Además de ser de gran utilidad para la curación a través de la imposición de manos.

Situación de los chakras en los distintos cuerpos

El cuerpo etéreo (primera capa)

Estado entre la energía y la materia, está compuesto por diminutas líneas energéticas en forma de trama deslumbrante de haces luminosos.

Tiene idéntica estructura que el cuerpo físico, incluyendo las partes anatómicas y todos los órganos. Dicho cuerpo consiste en una estructura definida de líneas de fuerza, o matriz energética, sobre la que se forma y sujeta la materia física del tejido corporal.

El color del cuerpo etéreo varia de azul claro a gris. Los chakras parecen torbellinos formados por una red luminosa, exactamente igual que el resto del cuerpo etéreo.

El cuerpo emocional (segunda capa).

El segundo cuerpo aural o el siguiente más fino después del cuerpo etéreo, se denomina generalmente cuerpo emocional, y está asociado con los sentimientos. Sigue, más o menos, el contorno del cuerpo físico. Su estructura es mucho más fluida que la del etéreo y no duplica el cuerpo físico. Por el contrario, parece estar formado por nubes coloreadas de una sustancia fina en constante movimiento fluido.

El cuerpo emocional contiene todos los colores del arcoiris.

Cada chakra parece un torbellino de distinto color, con una distribución que presenta el mismo orden que el arcoiris.

El cuerpo mental (tercera capa)

El tercer cuerpo aural es el cuerpo mental que se extiende más allá del emocional y está compuesto por sustancias todavía más finas, todas relacionadas con los pensamientos y los procesos mentales. Aparece por lo regular, como una luz brillante que irradia sobre la cabeza y los hombros y se extiende alrededor de todo el cuerpo físico.

El cuerpo mental también se halla estructurado. Contiene la estructura de nuestras ideas. Los pensamientos habituales se convierten en fuerzas poderosas que afectan nuestras vidas.

El nivel astral (La cuarta capa)

El cuerpo astral es amorfo y está compuesto por nubes de colores tan bellas como las del cuerpo emocional. Entre la gente se producen numerosas interacciones a nivel astral.

La cuarta capa o nivel astral, asociada con el chakra del corazón, es el crisol transformador a través del cual debe pasar la energía cuando va de un mundo a otro. Es decir, la energía espiritual debe pasar por el fuego del corazón para transformarse en energía física y atravesar el fuego transformador del corazón para convertirse en energía espiritual.

El cuerpo del patrón etéreo (quinta capa)

A la quinta capa del aura se llama patrón etéreo porque contiene todas las formas existentes en el plano físico en forma de calco o plantilla, como si se tratara del negativo de una fotografía.

El nivel patrón etéreo del aura crea un espacio vacío o negativo en el que puede existir el primer nivel o nivel etéreo del aura.

El nivel de patrón etéreo del campo energético universal contiene todas las formas y contornos que existen en el plano físico.

El cuerpo celestial (sexta capa)

El sexto nivel es el emocional del plano espiritual llamado cuerpo celestial. Es el nivel a través del cual experimentamos el éxtasis espiritual. Se puede alcanzar a través de la meditación y mediante muchas otras formas de trabajo de transformación.

El patrón cetérico (séptima capa)

La séptima capa es el nivel mental del plano espiritual denominado patrón o plantilla cetérica. Cuando llevamos nuestra conciencia al séptimo nivel del aura sabemos que somos uno con el creador.

En el nivel del patrón cetérico también están las bandas de la vida anterior. Este es el último nivel aural en el plano espiritual. Contiene el plan de vida y también es el último nivel directamente relacionado con esta encarnación.

La formación del sanador

Es necesario que el sanador adquiera un elevado grado de formación fundamental: anatomía, fisiología, técnicas de masaje, así como ciertos conocimientos de acupuntura, homeopatía y herbolaria.

Asimismo, el sanador requiere de una formación espiritual y un desarrollo personal tales, que le permitan dominar su propia energía. Para usar dicha energía y este poder, debe poner de su parte la integridad, la honradez y el amor, porque en cada acción actúan siempre causa y efecto. Siempre se cosecha lo que se ha sembrado. El trabajo de un sanador es un trabajo de amor.

Lo primero que debe hacer el sanador que se prepara para curar es abrirse a las fuerzas cósmicas y alinearse con ellas. Esto quiere decir que no sólo debe hacerlo antes de una sesión de curación, sino a lo largo de su vida en general.

Percibir el campo de energía humano no sólo implica tener estudios y práctica, sino también cierto desarrollo personal. Exige cambios internos que aumenten la sensibilidad de manera que pueda aprenderse a diferenciar entre el ruido interno y la sutil información que le llega al sanador, lo que sólo se puede lograr silenciando la mente.

Aunque la experiencia de cada persona es única, existen características comunes que se aprecian en el proceso de ampliación de las percepciones. Hay innumerables pruebas de que muchos seres humanos están elevando actualmente sus cinco sentidos habituales, hasta niveles suprasensoriales. La mayoría de la gente tiene cierto grado de percepción sensorial elevada sin darse cuenta de ello.

Es probable que se esté produciendo ya una transformación de la conciencia y que otras personas estén desarrollando esta habilidad extraordinaria.

La información que llega a través de un canal claro, suele estar más allá de lo que la mente racional del canalizador, puede entender.

Si abre sus percepciones, empezará a reconocer durante su formación como sanador o bien, durante las sesiones terapéuticas, la guía a través de las grandes pautas de su vida.

Cuando algo se le presente con facilidad, de forma que actuar sobre ello, le parezca maravilloso y divertido, hágalo sin dudarlo un momento. En estos términos se plantea la guía. Déjese fluir libremente en el curso de su vida y de la terapia. Si no lo hace, estará bloqueando su guía y su progreso.

Todos somos guiados por maestros espirituales que nos hablan en nuestros sueños a través de la intuición y llegado el momento, si sabemos escuchar, nos hablarán directamente, primero mediante signos y luego por el sonido, la voz o los conceptos. Estos maestros sienten un profundo amor y respeto por nosotros.

Puede aprender paso a paso el proceso de cambio de su vida para hacerla más plena. Hay muchos senderos que conducen a esta plenitud. Pida que le guíen a donde necesita ir, o pregunte cuál es el camino que debe seguir ahora, y será guiado.

Puede realinearse con sus deseos más profundos y con el mayor bien que puede ofrecerse a sí mismo y a los demás. Basta con que pida ayuda. Sin ninguna duda, su petición será escuchada.

Cuando se permita desarrollar nuevas sensibilidades empezará a ver un mundo totalmente distinto. Descubrirá que está utilizando un nuevo lenguaje para comunicar sus nuevas experiencias.

Puede tener la sensación de que algo va a pasar, y ocurrirá realmente. Empezará a escuchar su intuición. Mucha gente sabe cosas, aunque no siempre está consciente del modo en que llegó a conocerlas.

La mayoría de los sanadores experimentados hablan —de una u otra manera— que llega un momento en el que al trabajar con la gente han empezado a recibir consejos de guías o maestros espirituales sobre lo que deben hacer con cada uno de los pacientes sobre todo en lo relativo a los distintos niveles del aura.

Estas curaciones se convierten en una ampliación de la terapia, se empieza a curar el alma o se convierten en canales para ayudar a recordar a ésta, los momentos en que se olvida y se aparta del camino en la enfermedad o el malestar, o bien, cuando olvida quien es y a dónde se dirige.

La capacidad de ser canal es una habilidad que puede aprenderse. Ser canal implica lograr un estado de conciencia mayor que le permita conectarse con un guía de nivel superior, o con su yo superior o fuente. Para ser canal no tiene que haber evolucionado espiritualmente o haber sido *psíquico* toda su vida; sólo necesita paciencia, perseverancia y un fuerte deseo de establecer una conexión.

¿Es posible canalizar? Hay cientos de historias sobre científicos que tratan de demostrar la falsedad de los fenómenos paranormales, pero sin embargo, posteriormente quedan convencidos de que existe algo más allá que no pueden comprender. Aunque tal vez no haya una forma de demostrar si dicha capacidad es real o no, en el sentido estricto de la palabra, se sabe de muchas personas que la utilizan para obtener mayores resultados durante sus curaciones a través de la imposición de manos.

Muchos sanadores aseguran que pueden hallar más compasión para sí mismos y para los pacientes, a través de la canalización.

Aunque no es indispensable convertirse en canal para aprender a usar las técnicas de imposición de manos sí se recomienda considerar esta posibilidad. Tampoco es el propósito del presente libro dar cuenta aquí de las formas y los métodos de establecer contacto con un guía espiritual, dado que existen varios tratados específicos sobre el tema.

Sin embargo, convertirse en un canal consciente, le permitirá percibir mejor lo que dice su guía. Aprenderá, asimismo, a elevar sus vibraciones para sentir, ver o escuchar en los planos superiores de los guías y recibir sus mensajes de manera consciente y utilizarlos —en este caso— para curar o simplemente para dar alivio a quien lo necesite.

Convertirse en sanador es un proceso completamente individual. No existen reglas establecidas sobre la manera en que se produce. Ni tampoco nadie puede conferir a otro el poder curativo: es algo que crece desde el interior de uno mismo.

Recorra su propio camino y utilícelo como ayuda en la creación de sus nuevas ideas.

Tan pronto como usted decida dedicarse a su auténtico camino y lo convierta en la prioridad determinante de su vida, tendrá conciencia de que se está produciendo un proceso general. Este proceso vital lo conducirá a través de paisajes internos que cambiarán la naturaleza de su realidad personal.

Por otra parte, para cuidarse bien a sí mismo, el sanador necesita practicar una rutina diaria que incluya meditación, ejercicio, buena alimentación, higiene adecuada, el tiempo preciso de descanso cuando lo necesite, así como el placer, la intimidad y los amigos apropiados. Seguir la guía a ese nivel significa descansar cuando está cansado, comer cuando se tiene hambre e ingerir lo que su cuerpo necesita en el momento que lo requiere.

Para trabajar, elija de ser posible, una habitación que reciba luz solar directa y que tenga acceso al aire libre. Si trabaja en una habitación sin ventilación o iluminada con lámparas fluorescentes, probablemente enfermará. Igualmente, es importante trabajar en una sala que haya sido despejada de las bajas energías, las malas vibraciones o la *energía orgónica* muerta, como la denominó Wilhelm Reich.

Cuando note que está acumulando energía muerta en su cuerpo, tome un baño caliente durante 20 minutos para limpiar su aura, vertiendo en la bañera medio kilo de sal marina y la misma cantidad de levadura.

Asimismo, tomar un baño de sol ayuda a recargar el sistema. Debe beber siempre un vaso de agua mineral después de cada sesión de curación; también debe hacerlo el paciente. El agua, al pasar por su organismo, ayuda a limpiar la energía orgónica muerta e impide que se produzca hinchazón en el cuerpo.

Una de las cosas más importantes que necesita un sanador para mantenerse sano es la disposición de tiempo y espacio privados. Esto no es fácil, ya que la mayoría de los sanadores debe afrontar una gran demanda de pacientes. Si no lo hace se agotará y tendrá de cualquier manera que suspender su actividad durante algún tiempo.

Esa es la esencia de la curación y la buena salud: autorresponsabilidad y hacer que el poder regrese al propio yo. Recuerde que la variedad es la sal de la vida y que el crecimiento personal se desarrolla con el cambio.

¿Hasta dónde ha sido capaz de estructurar su vida para poder hacer estas cosas?

Conforme el sujeto vaya prestando mayor atención a sus necesidades personales, escuchando los mensajes internos que le llegan en forma de alteración, su estado será más equilibrado y claro.

Es muy importante que el sanador tenga una vida plena en la que sus necesidades se vean satisfechas.

Los sanadores que no actúen así no tardarán en desgastarse y se arriesgarán a contraer una enfermedad a causa del agotamiento energético.

Usted es el único responsable de su salud. Si tiene algún problema físico, la decisión final de someterse a un programa curativo determinado sólo le compete a usted. Hágase cargo de su salud. Le sorprenderá lo mucho que tiene que aprender sobre ella y usted mismo. La búsqueda cambiará su vida de un modo extraordinario.

La enfermedad y el proceso curativo

La enfermedad es, desde la perspectiva de un sanador, un desequilibrio. La enfermedad es la señal de que uno está desequilibrado por haberse olvidado de sí mismo.

Se trata de un mensaje directo que no sólo señala la forma de tal desequilibrio, sino que además, muestra los pasos que hay que seguir para volver a encontrarse a sí mismo y a la salud.

Cualquier enfermedad, sea psicológica o física, le conducirá a un viaje de autoexploración y de descubrimientos que cambiará su vida por completo, de manera interna y externa.

El malestar puede estar en el cuerpo en forma física, como en los casos en los que se experimenta molestia o dolor; pero también puede hallarse en cualquier nivel del ser:

emocional, mental o espiritual. La alteración puede estar en cualquier área de la vida.

A medida que cambia el punto de vista sobre la enfermedad, también lo hace la forma de tratarla. Cada individuo es único y requiere una combinación especial de los agentes empleados en el proceso curativo.

El proceso curativo

La curación —como se dijo antes— empieza por uno mismo. El primer requisito previo de cualquier sanador es el cuidado de su propia persona. Si se dedica a la curación y no se cuida a sí mismo, probablemente enfermará con mayor rapidez que en cualquier otra circunstancia. Esto se debe a que la curación requiere una gran cantidad de trabajo procedente del propio campo energético, además de la importancia que tiene para la vida de uno.

Lo que se quiere decir con esto es que además de mantenerle sano y equilibrado, su campo será utilizado como conducto para las energías curativas que necesiten otros.

Al curar, usted no genera la energía que transmite, sino que, en principio, debe elevar su frecuencia hasta el grado que necesite el paciente, para atrapar así la energía procedente del campo energético universal. Esto se denomina *inducción armónica* y exige un alto grado de energía.

El sanador induce realmente al paciente a autocurarse a través de procesos naturales, aunque éstos escapen a lo que consideren natural quienes no estén familiarizados con este tipo de terapias. El cuerpo y el sistema energético de cada persona se desplazan de forma natural hacia la salud. Por supuesto, también el médico trabaja con estos principios.

En la actualidad, hay dos formas principales de afrontar la curación:

Una es la curación interna que establece el equilibrio y la salud en todos los niveles de la persona centrándose en los aspectos físico, emocional, espiritual y mental del ser humano, y en la manera en que crea sus sistemas de creencias y su realidad.

El proceso de curación interna reequilibra las energías de cada cuerpo centrándose en la expresión de su desequilibrio y corrigiéndolo, y repara la capa apropiada del aura mediante la imposición de manos. La realineación de cada cuerpo ayuda a restablecer el equilibrio de los demás.

La otra es la curación externa que ayuda a restablecer el equilibrio en las distintas capas del aura, incluyendo los sistemas del cuerpo físico, mediante la aplicación de energía tomada del campo energético universal.

Con el fin de mejorar y acelerar la curación básica se utilizan métodos de curación externa, pues no se pueden dejar solos los síntomas físicos generados por sistemas y creencias erróneas hasta que se han corregido éstos.

Sin embargo, si no se lleva a cabo además la curación interna, la enfermedad se instalará de nuevo en el interior del cuerpo físico, incluso después de que se hayan desterrado los síntomas iniciales.

Con el avance de la práctica de la medicina holística se han desarrollado numerosos métodos de curación que están demostrando su fiabilidad.

La profesión médica se ha centrado principalmente en el cuerpo físico, en cuyo campo ha alcanzado gran experiencia, en especial en lo que se refiere a enfermedades de órganos específicos y del sistema orgánico. Los principales métodos aplicados son los fármacos y la cirugía. Uno de los problemas mas importantes del empleo de ambos en la curación son los tremendos efectos colaterales que suelen producir.

Es muy posible que en el futuro los sistemas holísticos de curación constituirán una combinación del enorme cuerpo de conocimientos analizados de la profesión médica tradicional y del saber sintetizado de los sistemas energéticos superiores del cuerpo.

¿Cómo se combinan los fármacos alopáticos y los remedios homeopáticos? ¿Cuáles armonizan entre si y apoyan y mejoran una curación? ¿Cuáles son incompatibles y, por tanto, no deben utilizarse juntos?

Los sistemas holísticos diagnostican preescriben la curación simultánea de todos los cuerpos energéticos y del cuerpo físico, según lo necesite el paciente, e incorporan los procesos curativos tanto interior como exterior. Los médicos naturistas, quiroprácticos, homeópatas, sanadores, terapeutas, acupunturistas, etc. deben trabajar de manera conjunta para ayudar en el proceso curativo.

Piense hasta dónde podría llegar la investigación médica si se contara con personal calificado, capaz de apreciar de un vistazo los procesos internos del cuerpo.

Algunos médicos ya están solicitando ayuda y envían sus casos más difíciles a los sanadores. Es tiempo de que ambos trabajen de manera conjunta y complementaría.

La salud

La salud se mantiene cuando la fuerza creativa que procede de la realidad espiritual humana se encauza de acuerdo con la ley universal o cósmica.

La experiencia de amor por la humanidad influirá en la capa mental e informará las percepciones de la realidad en el cuerpo mental. Esta vibración en el cuerpo mental se transmite entonces por las leyes de la inducción armónica y la resonancia simpática hasta la materia y energía del cuerpo emocional, que se expresa entonces a si mismo en forma de sentimientos. Si la percepción de la realidad concuerda con la ley cósmica, los sentimientos serán armoniosos y aceptados por la persona y se les permitirá fluir, desbloquearse.

Este flujo se transmite entonces al interior del cuerpo etéreo, que responde con una armonía natural. El resultado es la aparición de agradables sensaciones corporales que promueven el metabolismo natural de la energía del campo energético universal. También se mantiene el equilibrio natural de las energías del yin y el yang en el cuerpo etéreo.

Con este equilibrio, la sensibilidad natural del cuerpo, que procede del flujo natural de los sentimientos, conduce a una mayor conciencia de las sensaciones corporales, lo que a su vez lleva a seguir una dieta y ejercicio apropiados. El cuerpo etéreo saludable apoya entonces y mantiene un cuerpo físico sano en el que los sistemas químico y físico se mantienen equilibrados y funcionan con normalidad manteniendo de manera permanente la salud física. Las energías de cada cuerpo de un sistema sano permanecen equilibradas y apoyan el equilibrio en otros cuerpos. Por tanto, la salud se mantiene, es decir, se atrae más salud.

La imposición de manos y sus técnicas

Para realizar una curación por primera vez, el sanador debe efectuar un rápido análisis energético del cuerpo para determinar la forma en que el paciente utiliza su sistema de energía en general. Analice el flujo energético del sistema de su paciente. ¿Cuáles son los bloques principales? ¿Cómo emplea su energía? ¿En qué forma la dirige mal? ¿Cuáles son los resultados a largo plazo de su dirección errónea? ¿Cuál es su principal defensa?

Asimismo, tome nota de las características físicas del paciente para establecer la estructura de su carácter. Tan pronto como pueda ver dicha estructura podrá determinar la forma de trabajar y las áreas del cuerpo en las que debe poner mayor atención.

Posteriormente, pregunte las razones por las que el paciente ha acudido a usted.

Trabaje directamente en los lugares por los que se sienta atraído. Elija entre los diversos métodos que conoce. Mientras trabaja, observé el estado emocional de la persona. ¿Permite que entre la energía o se bloquea emocionalmente?

Antes de continuar, he aquí algunas consideraciones generales que debe tener presentes como sanador y que contribuirán en gran medida a cada una de sus terapias:

— Que lo más importante no parece ser la técnica física o forma de colocar las manos y en cambio, si es determinante la disposición mental, pues la cura de enfermedades con este método puede, incluso, realizarse a distancia.

— Que nada penetra en una mente bloqueada, por eso la curación es muchas veces malograda por la propia persona, que busca ayuda desesperadamente.

— Que las técnicas que a continuación se describen, son similares a otros trabajos sobre polarización, bioenergía, cura por las manos o imposición.

— Que son técnicas modelo, donde sin lugar a dudas, lo más importante será la sensibilidad y la intuición del sanador o emisor (la persona que transmite su energía).

Por otra parte, hay que tomar en cuenta que es el propio tratamiento —y no el uso del reloj— el que establece el tiempo en que ha de desarrollarse. Es cierto que existen determinadas pautas generales: veinte minutos en promedio para adultos, y un máximo de quince minutos con niños; en el caso de un bebé, según el padecimiento o estado general del pequeño, la imposición puede durar incluso pocos segundos.

Técnicas

1. **Preparación mental:** respire profundo, levante la mirada, mantenga el aire durante algunos instantes. Posteriormente, baje de manera muy lenta la cabeza, exhalando en forma suave. A medida que el aire sale de sus pulmones, imagine que sale de usted toda la desarmonia de su cuerpo y mente y todas las preocupaciones y tensiones.

2. **Preparación física:** Antes de la aplicación de la imposición, conviene friccionar las manos una contra la otra hasta calentarlas. Este ejercicio favorece el equilibrio del campo energético, facilitando la irradiación de energía. Siéntese cómodamente y cierre los ojos. Aspire y exhale profundamente; y luego concéntrese en cualquier imagen de la naturaleza que le inspire una sensación de paz. Esto le ayudará a aquietar su mente y sus emociones. Lo importante es que usted tenga internamente una sensación de plenitud y de paz. (Figura. 1)

3. Durante la imposición, tanto el sanador como el paciente, deben estar de preferencia, con los ojos cerrados. Esta actitud facilita la concentración y la actividad mental. Si usted considera que su paciente requiere de alguna preparación antes del toque terapéutico, déle un masaje suave en el cuello y en los hombros. Esto le permitirá a la vez entrar en contacto con la persona y establecer un espíritu de mutua armonía; de manera que también usted pueda sentirse más relajado.

56 • Sanación, la cura por las manos

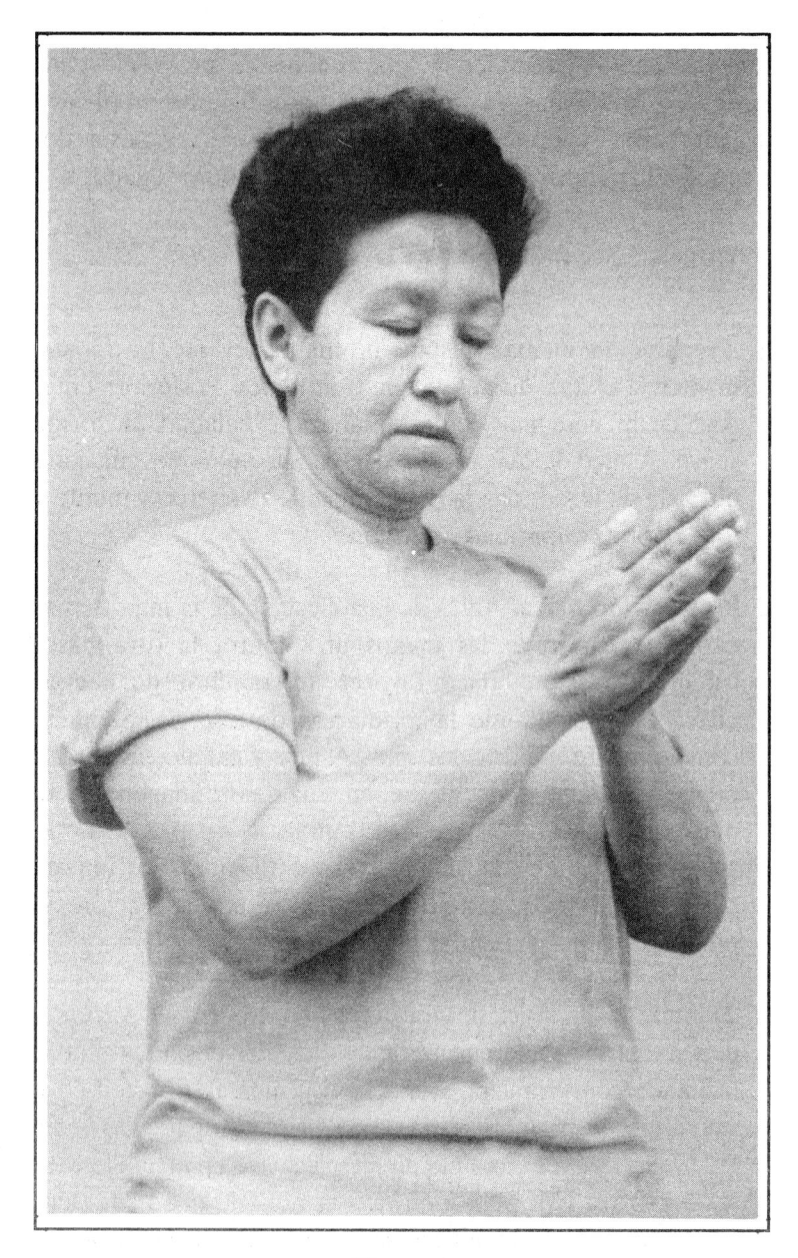

Figura 1

4. Asimismo, puede realizarse según el ambiente, la ocasión, o el tipo de persona que aplica o recibe la imposición de manos, una plegaria u oración o mantram, o bien, una breve meditación que genere un ambiente y conciencia adecuados para la aplicación.

5. Los movimientos en realidad son muy sencillos, después de que practique un poco, muy pronto se volverán naturales.

6. Una vez terminada la aplicación de cualquier técnica, el sanador, debe sacudir sus manos como si las tuviese mojadas, con el propósito de eliminar una posible energía negativa que estuviera adherida a éste.

7. Se recomienda, asimismo, lavarse las manos en agua corriente, sobre todo cuando se aplica la técnica a personas gravemente enfermas o después de haberlo hecho con varias personas.

Se sabe que la mejor forma de alejar cualquier energía o influencia negativa, es una actitud mental positiva. La persona equilibrada nunca podrá ser afectada por esas energías externas o cargas negativas, por más fuertes que éstas sean.

Siempre es conveniente tomar en cuenta este tipo de precauciones que por lo demás, son tan simples y naturales.

IMPOSICIÓN 1

Actitud receptiva

Ganar la confianza de quien necesita ayuda es fundamental para el éxito de cualquier terapeuta. Más aún al tratarse de la imposición de manos, que se vale de un manejo de energía tan delicada y al mismo tiempo tan poderosa. Por esta razón, se recomienda realizar esta técnica antes de iniciar cualquier imposición de manos.

Sentados uno frente al otro, el sanador toma el pulso del paciente, con firmeza y naturalidad, sin presionar ni forzar en ningún momento. Tomando en cuenta la ley de polaridad, el sanador toma en su mano derecha el pulso izquierdo del paciente y en la izquierda el pulso derecho, con el fin de establecer una corriente electromagnética entre ambos. Al mismo tiempo se inicia un proceso de equilibrio general del campo electromagnético del paciente. (Ver Fig. 2 y Fig. 3)

Cabe aclarar que al equilibrar el cuerpo energético del paciente, el sanador no desequilibra el suyo. Lejos de recibir algún daño, el sanador por el contrario, se beneficia después de cada imposición.

La imposición de manos y sus técnicas • 59

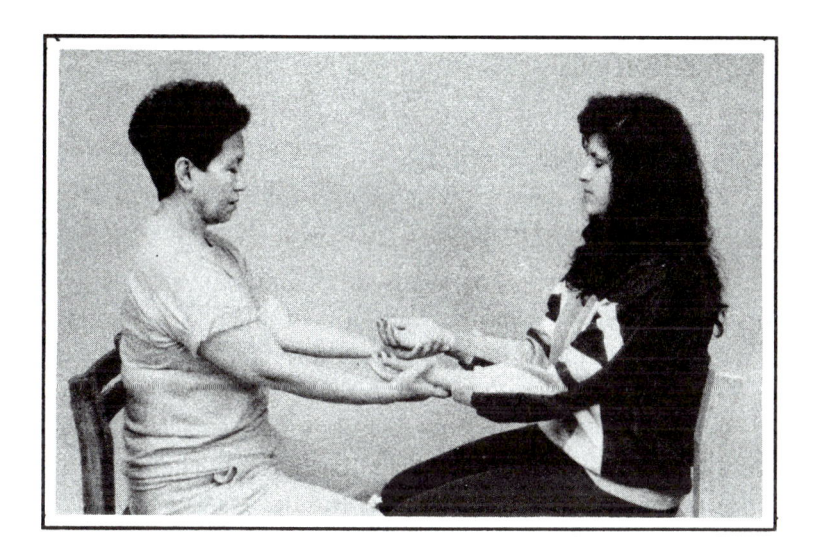

Figura 2

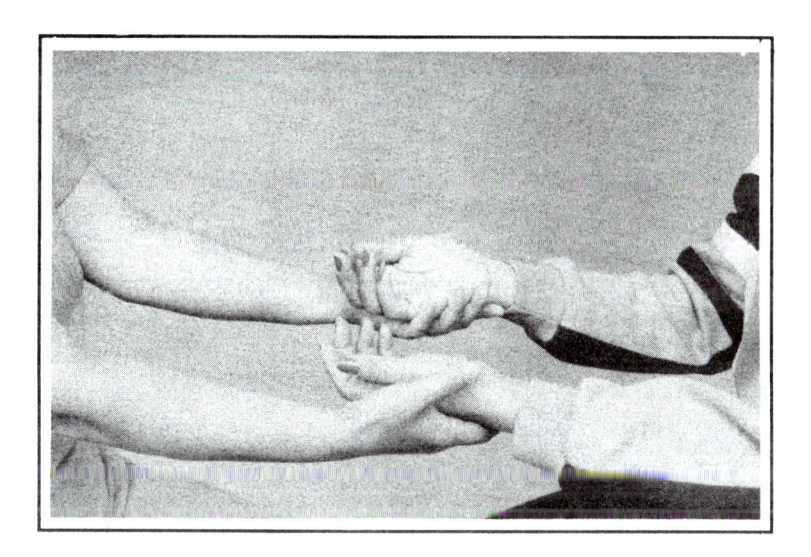

Figura 3

IMPOSICIÓN 2

Nariz-Garganta-Oídos-Neuralgia

Para el alivio de dolores y congestionamientos nasales, problemas de garganta, laringe, faringitis, problemas de audición y neuralgias, se indica la siguiente técnica:

El sanador se coloca atrás del paciente y con la palma de las manos y los dedos hacia el frente, cubre el pabellón de las orejas. Los pulgares permanecen detrás de las mismas.

Las manos se mantienen en esta posición entre 3 y 5 minutos; si se desea se pueden realizar movimientos rotativos, en sentido de las manecillas del reloj.

Variación: El sanador puede colocar la punta de los dedos sobre las orejas del paciente.

Como cualquiera de las técnicas que presentaremos aquí, ésta debe realizarse con la mayor naturalidad y tranquilidad posibles.

Con el objeto de que tenga un mejor apoyo, el sanador puede visualizar o imaginar la energía vital emergiendo de sus dedos y realizando un proceso de curación. Este trabajo se completa si se consigue la colaboración del paciente, trabajando las mismas visualizaciones.

No hay que olvidar —como se aconseja para después de cada aplicación— que se deben sacudir las manos enérgicamente, y si es posible, lavarlas durante uno o dos minutos, en agua corriente.

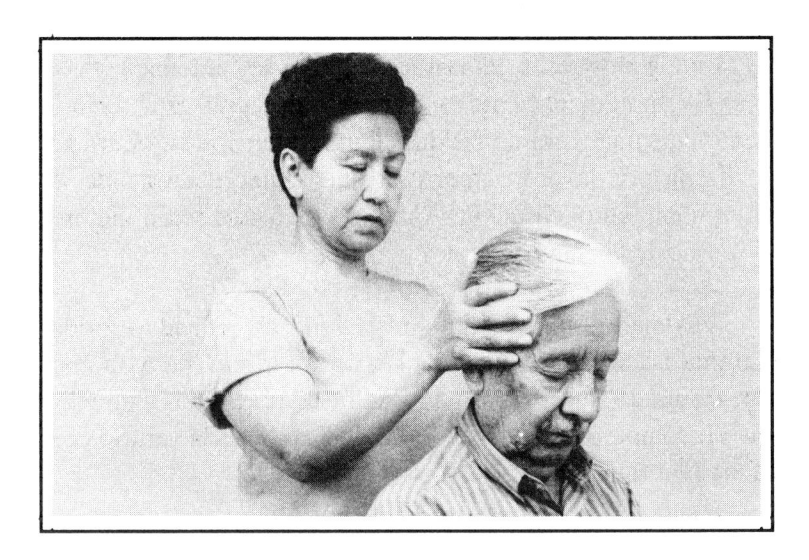

Figura 4

IMPOSICIÓN 3

Dolores de cabeza, jaquecas y alteraciones nerviosas

El sanador coloca la mano derecha en la nuca y la izquierda en la frente del paciente, entre 3 y cinco minutos. En seguida, el sanador aleja la mano izquierda de la frente y permanece en esta posición de 2 a 4 minutos. La posición de las manos puede invertirse.

Durante esta imposición, como en las técnicas siguientes, el paciente como el Emisor podrán experimentar sensaciones de calor, frío, hormigueo, adormecimientos y pequeñas descargas eléctricas.

En algunos casos, la sensación podrá ser percibida por el sanador, por el paciente o por ambos. Tanto esta técnica, como cualquier otra de las que aquí se mencionan, podrá ser realizada por la propia persona que requiere de ayuda, es decir como autoaplicación. Aunque los efectos serán mejores si se vale de la energía de otra persona.

Igualmente, en la autoaplicación, el individuo podrá durante las primeras experiencias, demorar más, para obtener un resultado más rápido y significativo. Dicha limitación puede compensarse aplicando la técnica deseada varias veces al día (ver figura 5).

IMPOSICIÓN 4

Ojos-circulación-Respiración-digestión

P ara aliviar o curar las enfermedades de la vista, problemas circulatorios, enfermedades respiratorias y digestivas, se indica la siguiente técnica:

El sanador se coloca de pie detrás del paciente, manteniendo las manos sobre la parte posterior de la cabeza, con la punta de los dedos hacia adelante. Las manos del sanador no deben tocarse entre si.

El paciente se mantiene con la cabeza ligeramente inclinada hacia adelante. las manos del sanador tocan, con delicadeza la parte de atrás de la cabeza, para evitar al paciente la sensación de que se lo está presionando hacia abajo.

La imposición de manos y sus técnicas • 63

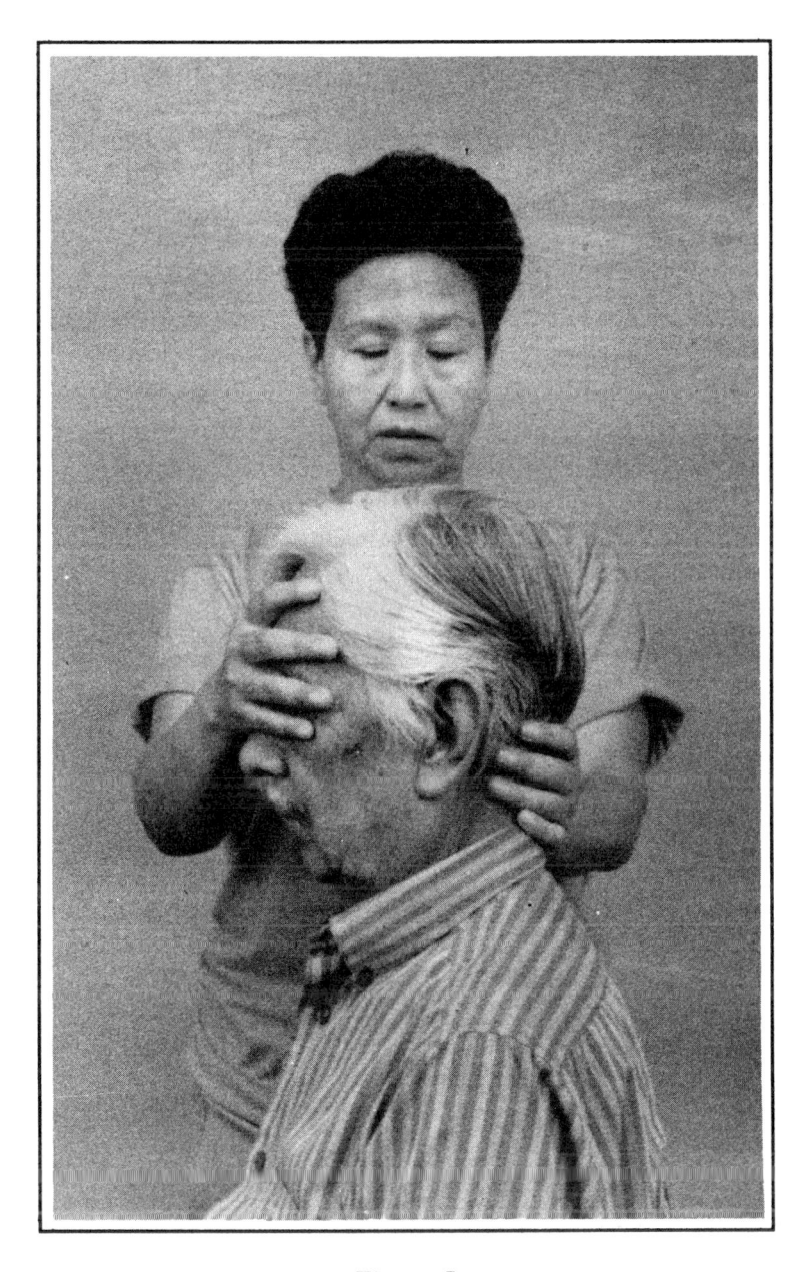

Figura 5

Si el paciente se queja de presión muy fuerte en la nuca, se la puede masajear suavemente con movimientos de arriba abajo. Con sus manos, el sanador va describiendo, hacia afuera, un círculo y recomienza siempre en lo alto de la cabeza del paciente. La duración total de la técnica puede ser de 3 a 7 minutos.

Variación: Las manos, después de quedar sobre la nuca, durante 2 a 3 minutos, comienzan un movimiento de alejamiento y aproximación; como quien tira de un elástico.

En el acto de aproximación, el sanador realiza una presión lateral suave, como quien toma la cabeza entre las manos, en un gesto de cariño. Esos movimientos abarcan de 1 a 3 minutos (ver figura 6).

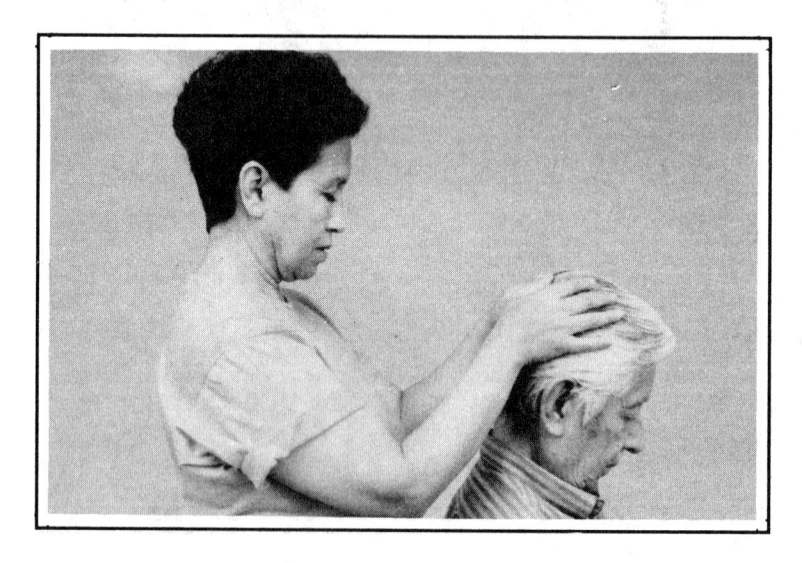

Figura 6

IMPOSICIÓN 5

Dolores de nariz o dentales

Para aliviar el dolor de nariz, rinitis alérgica, malestares de los dientes, así como neuralgias y trastornos nerviosos, puede utilizarse la siguiente técnica:

El paciente permanece sentado; el sanador de pie detrás de él, coloca las manos sobre el rostro con los dedos entreabiertos evitando el roce. Permanece así entre 3 y 5 minutos. Esta técnica puede complementarse alejando y acercando suavemente las manos del rostro. En cuanto las manos permanecen apoyadas sobre el rostro, los dedos índices sobre las cejas y los otros rozando ligeramente los costados de la nariz. La cabeza del paciente, deberá permanecer —de preferencia— recostada en el cuerpo del sanador, reforzando el flujo de la corriente energética (ver figura 7).

IMPOSICIÓN 6

Pulmones-Asma-Estómago-Corazón-Tensión Nerviosa

En enfermedades del pulmón, asma, bronquitis, opresión en el pecho, estómago: acidez, gastritis, indigestión, úlcera, dolor de corazón, taquicardia, presión alta o baja, se puede usar la siguiente técnica:

El sanador se coloca detrás del paciente y mantiene sus manos con la punta de los dedos hacia abajo, descansando

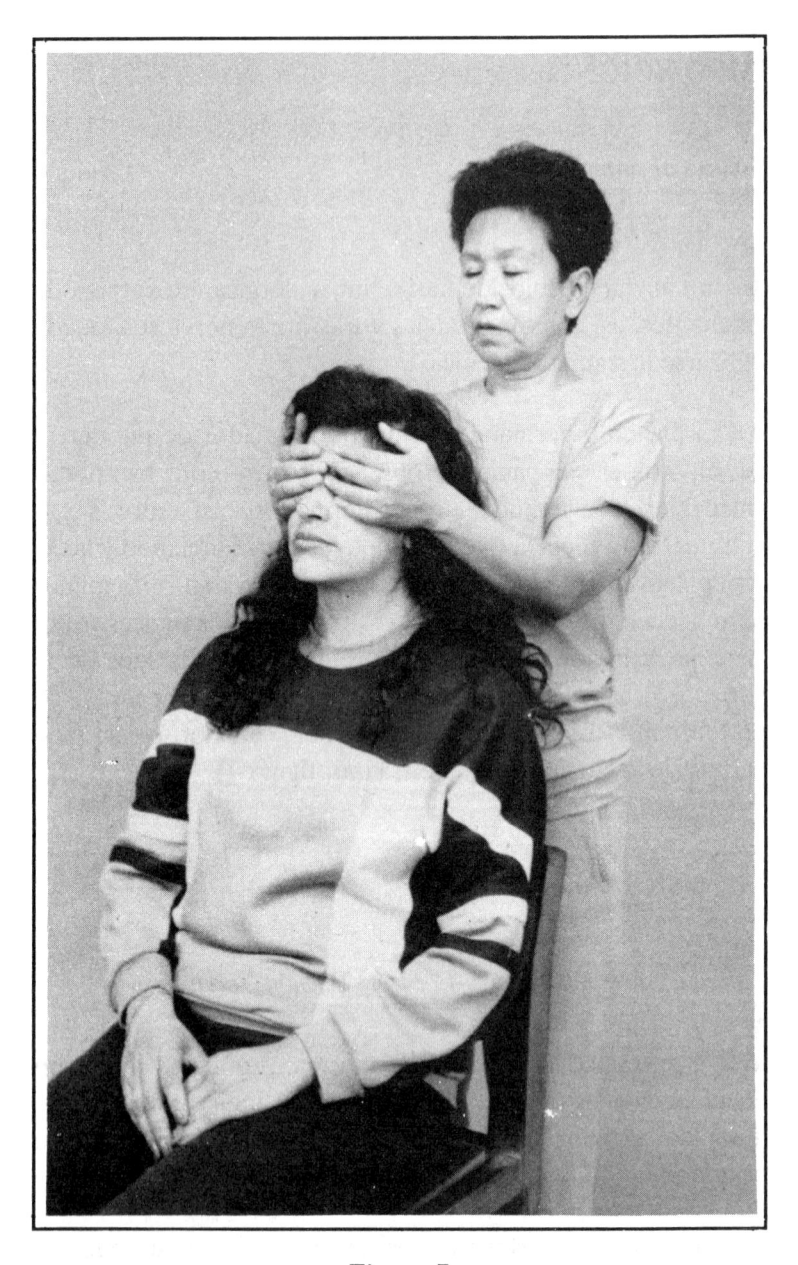

Figura 7

sobre el pecho del paciente. Los dedos del sanador quedan levemente extendidos y entreabiertos, relajados. Las manos permanecen en esta posición de 1 a 2 minutos. El paciente podrá percibir una fuerte sensación de calor. Después de ese tiempo, especialmente si el paciente siente que la opresión en el pecho, estómago o corazón aumenta, el sanador levanta ligeramente las manos de 1 a 2 centímetros y ejecuta un movimiento giratorio de sus manos, en el sentido de las manecillas del reloj, durante un período de 3 a 5 minutos (ver figura 8).

Es necesario recordar que la utilización de las técnicas de imposición de manos, no sustituye la consulta de un médico especialista, sobre todo al tratarse de casos y padecimientos muy graves.

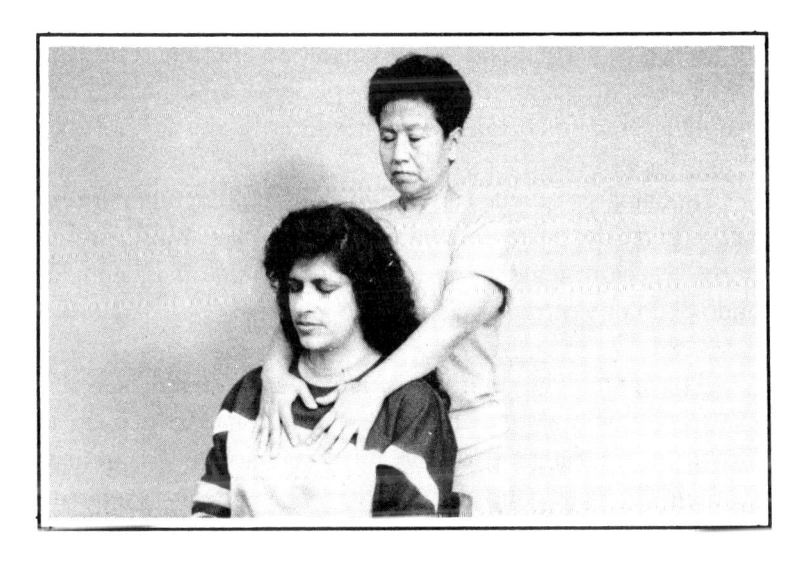

Figura 8

IMPOSICIÓN 7

Disturbios de la palabra, tartamudez y dolor de oídos

El paciente permanece sentado y el sanador de pie, detrás de él. Coloca las manos, con los dedos relajados y separados a los lados del cuello, los pulgares sobre los oídos, las manos no se apoyan sobre el cuerpo del paciente. Así permanece en esta posición de 2 a 5 minutos.

La duración de la imposición depende mucho de la práctica, y de la intuición del sanador. Cuando las sensaciones de calor, frío, hormigueo del cuerpo desaparecen o disminuyen, significa que se ha reestablecido el equilibrio del campo energético, por lo que se puede interrumpir la aplicación.

La mayor parte de las veces, cuando se altera la sensación inicial, desaparecen los dolores o el paciente experimenta una profunda sensación de alivio y bienestar.

Sin embargo, puede ser que no se sienta ninguna diferencia por parte del paciente, pudiendo incluso llegar a sufrir una fuerte reacción negativa que empeore los síntomas, aumentando el dolor y otras sensaciones de malestar.

El paciente debe estar prevenido, pues eso puede suceder pocos minutos o algunas horas después de haber recibido la imposición de manos. Esto no debe ser motivo de preocupación ni de miedo, sino al contrario, ya que esta es la señal de que el cuerpo reaccionó al equilibrio del campo energético y que dicha energía está actuando sobre el organismo.

Es conveniente, después que la reacción ha disminuido, realizar otra imposición de manos. Esta imposición puede ser realizada por cualquier persona, inclusive hasta por un niño (ver figura 9).

IMPOSICIÓN 8

Disturbios con temperatura elevada-Insolación

Los dolores de cabeza muy fuertes son, casi siempre, acompañados de calor en la frente, el rostro o en toda la cabeza. Para tal caso se indica la siguiente técnica:

El paciente se sienta delante del sanador que queda a su espalda, con una mano sobre la cabeza y con la otra toma un

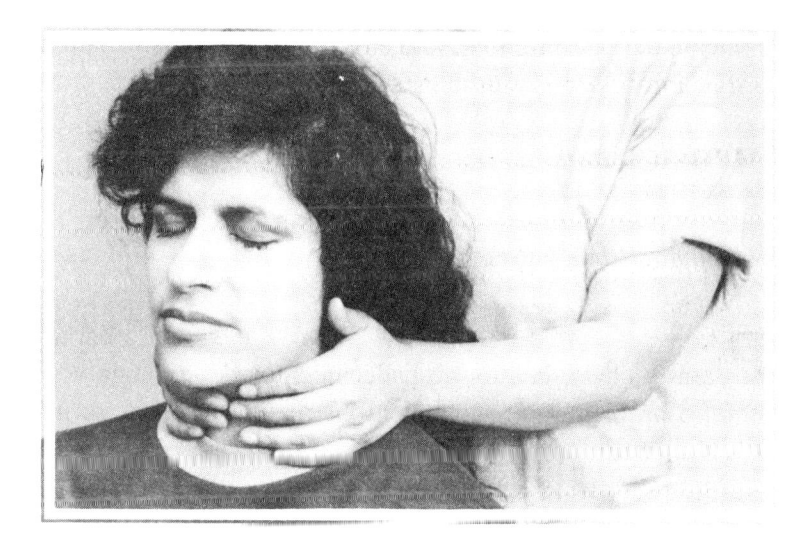

Figura 9

cable a tierra, es decir sujeta una llave o tubo de agua que hagan tierra. Siempre que las personas están paradas sobre material aislante, ya sea calzado, piso de madera, o alfombra, es aconsejable el uso de tierra. Esta técnica se aconseja cuando las otras no han dado resultado.

Esta es una prueba de que se está trabajando con una energía de naturaleza electromagnética. Por ejemplo, el dolor de cabeza, producido por energía excesiva (misma que ocasiona la elevación de la temperatura), se descarga a través del cable a tierra. Esta es una técnica que brinda un alivio inmediato o supresión total del malestar.

Variación: El cable a tierra podrá ser utilizado para eliminar otros disturbios en cualquier otra parte del cuerpo, en especial, los producidos por la insolación o los que se acompañan de una temperatura elevada.

En este como en cualquiera de las demás imposiciones, la intuición del paciente lo llevará a otras muchas variantes para la solución de diversos problemas (ver figura 10).

IMPOSICIÓN 9

Columna vertebral y stress.

Para el alivio, la cura de padecimientos de columna vertebral o problemas de agotamiento, stress y cansancio, se indica la siguiente técnica:

El paciente de pie, el sanador sentado detrás de él, coloca la mano izquierda sobre la parte superior de la columna, a la

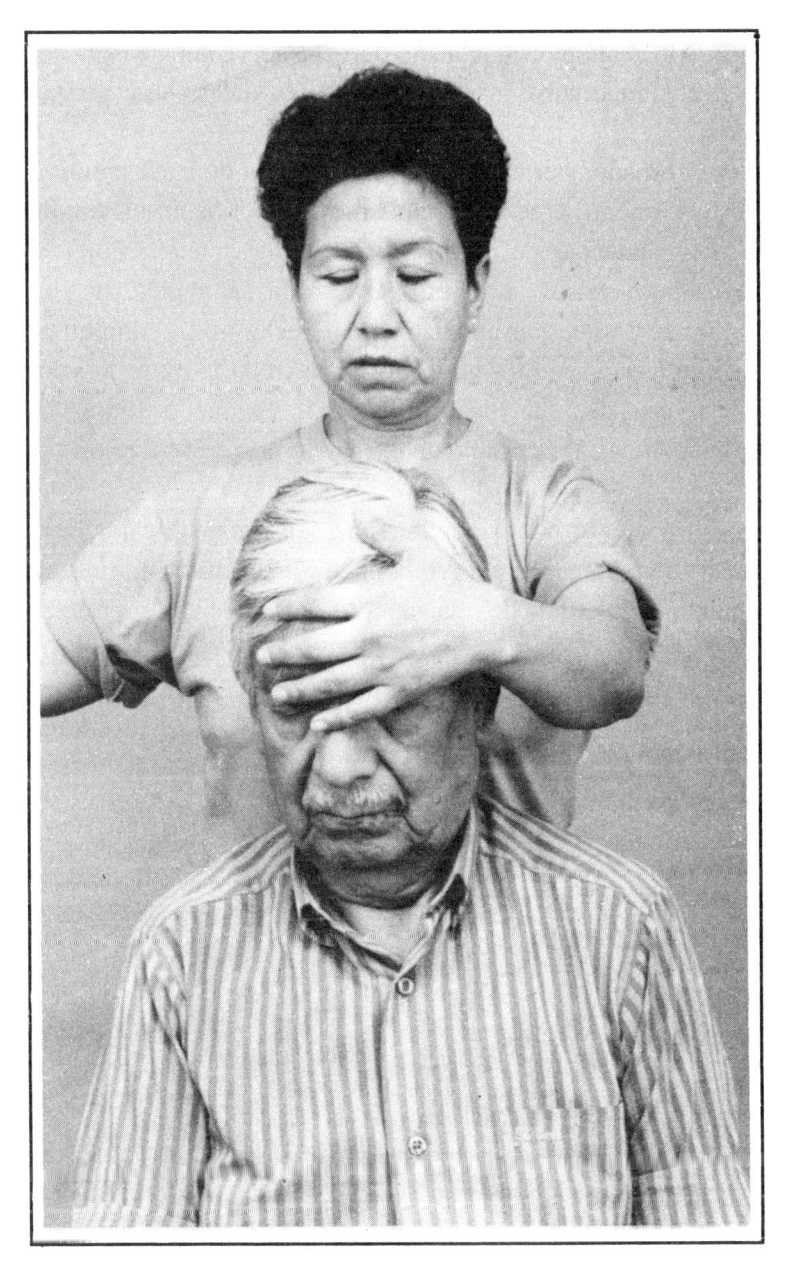

Figura 10

altura de los hombros, la mano derecha sobre la parte inferior de la columna; ambas manos, con sus dedos vueltos hacia arriba.

El sanador permanece en esta posición de 2 a 3 minutos, posteriormente efectúa movimientos giratorios en el sentido de las manecillas del reloj, primero con la mano izquierda, realizando suaves masajes sobre toda la región de los hombros; después, levanta la mano derecha 1 ó 2 centímetros, y ejecuta movimientos giratorios sobre toda la parte inferior de la espalda, sin tocar el cuerpo. Contando todos los movimientos, la técnica no debe abarcar más de 5 minutos.

El paciente podrá percibir una sensación de calor, frío, escalofrío u hormigueos. Posteriormente, comienza a disfrutar de un agradable estado de relajamiento y alivio de las tensiones.

Una vez concluida la imposición, el paciente puede experimentar una fuerte sensación de fuerzas renovadas y rejuvenecimiento (ver figura 11).

IMPOSICIÓN 10

Pases-Equilibrio Global

Cuando la persona experimenta una sensación general de malestar o sufre de tensión nerviosa o debilidad en todo el cuerpo, es aconsejable que reciba una sesión de pases. Pase es un término que proviene del verbo *pasar*.

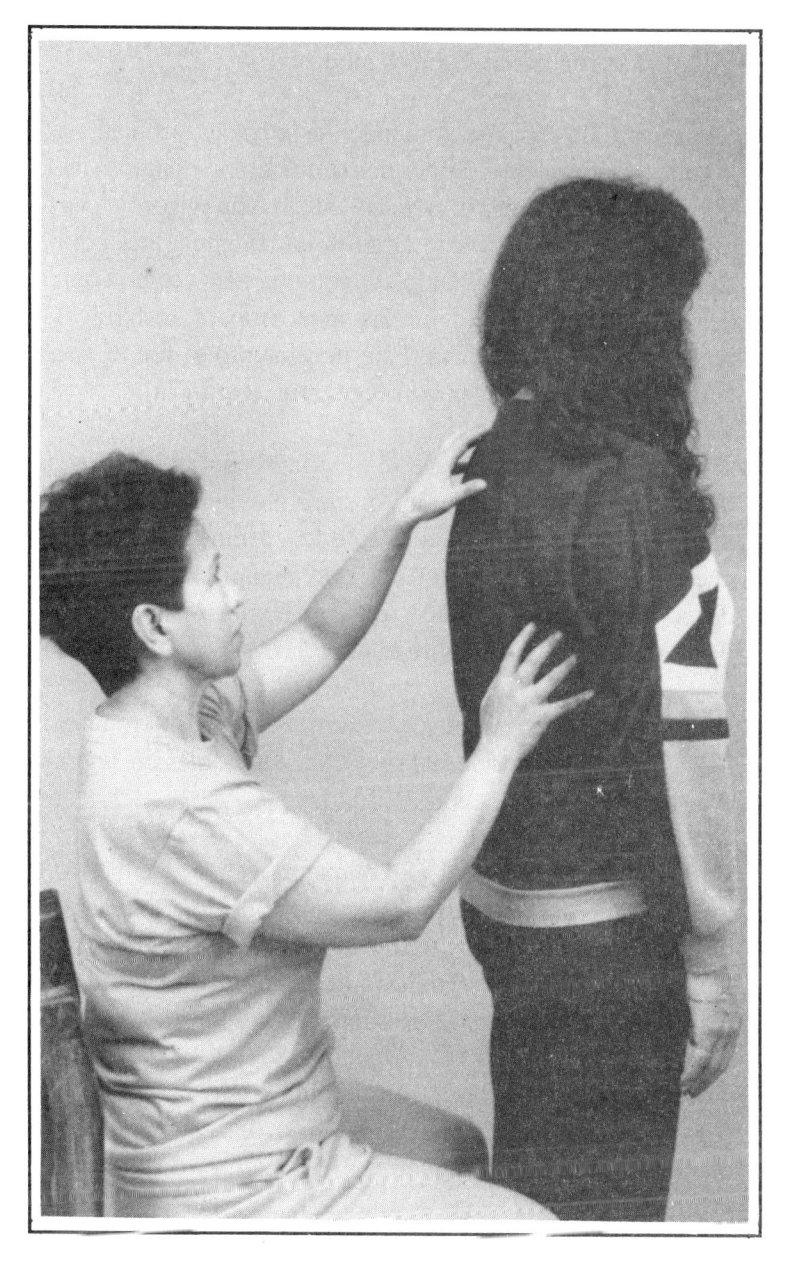

Figura 11

El pase se realiza de diversos modos:

a) El paciente de espaldas al sanador, éste coloca sus manos en la cabeza del paciente, a unos dos centímetros separadas de la nuca. Posteriormente tira hacia abajo con vigor y cierta rapidez, ambas manos a lo largo de la columna, alejándolas con firmeza y sacudiéndolas con fuerza (como quien desprende algo pegado en las manos) para rechazar las posibles energías negativas. Este movimiento se repite entre cinco y diez veces (ver pagina siguiente figura 12a).

b) Una variación de este pase se efectúa respetando la teoría de la Polaridad. Se hacen los mismos movimientos con una diferencia: cuando las manos se encuentran a la altura del cuello del paciente, se cruzan, de manera que la mano derecha del sanador quede sobre el hombro izquierdo del primero y la izquierda sobre el derecho.

El sanador prosigue el movimiento estirando las manos hacia abajo, en dirección al suelo, sacudiéndolas en seguida (ver pagina siguiente figura 12b).

c) Otro tipo de pase podrá efectuarse moviendo las manos a lo largo del cuerpo del paciente, el sanador queda frente a él, moviendo las manos desde lo alto de la frente del paciente y bajando hasta la altura de las rodillas, alejando las manos y sacudiéndolas vigorosamente (ver figura 12c).

d) Otra variación de Pase, considerada como la más eficaz para alcanzar un completo equilibrio del campo electromagnético del cuerpo humano es el siguiente:

El sanador queda de pie, de frente al paciente; colocando la mano izquierda a la altura de la cabeza, y la mano derecha a

La imposición de manos y sus técnicas • 75

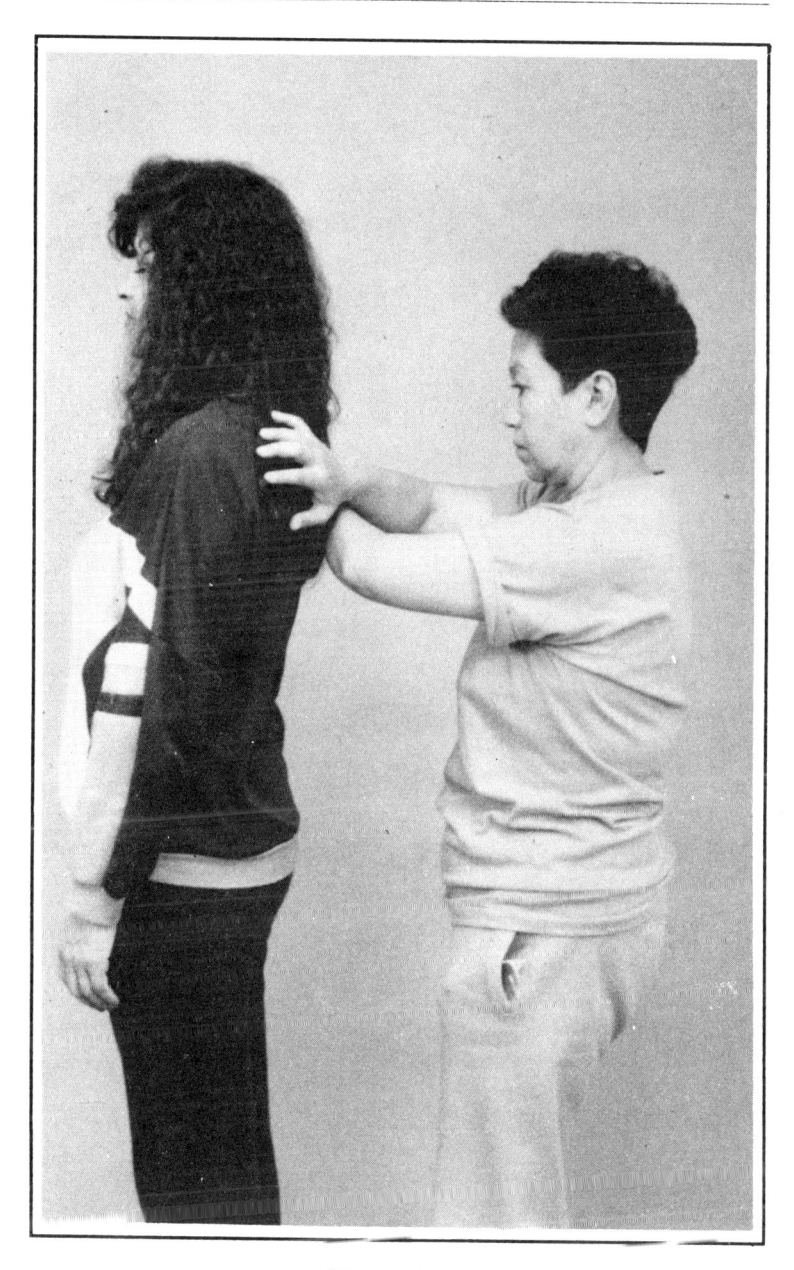

Figura 12a.

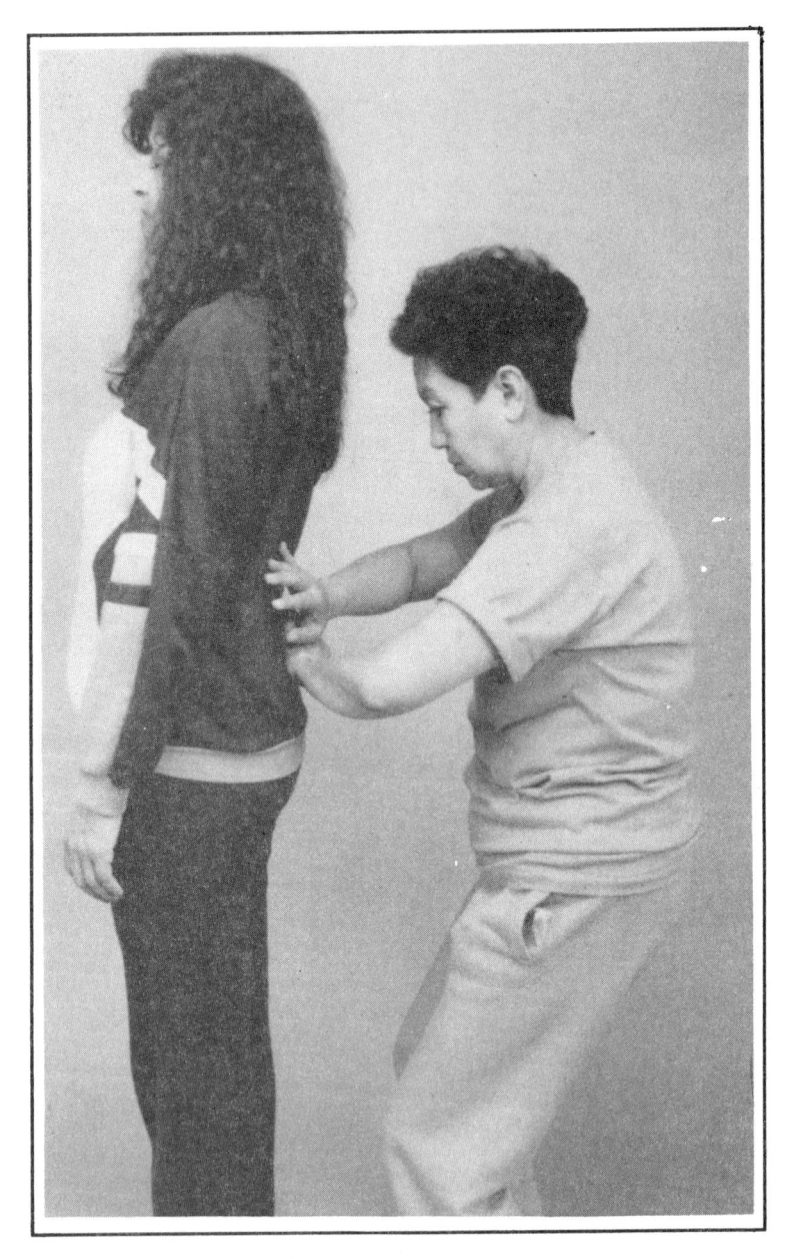

Figura 12b.

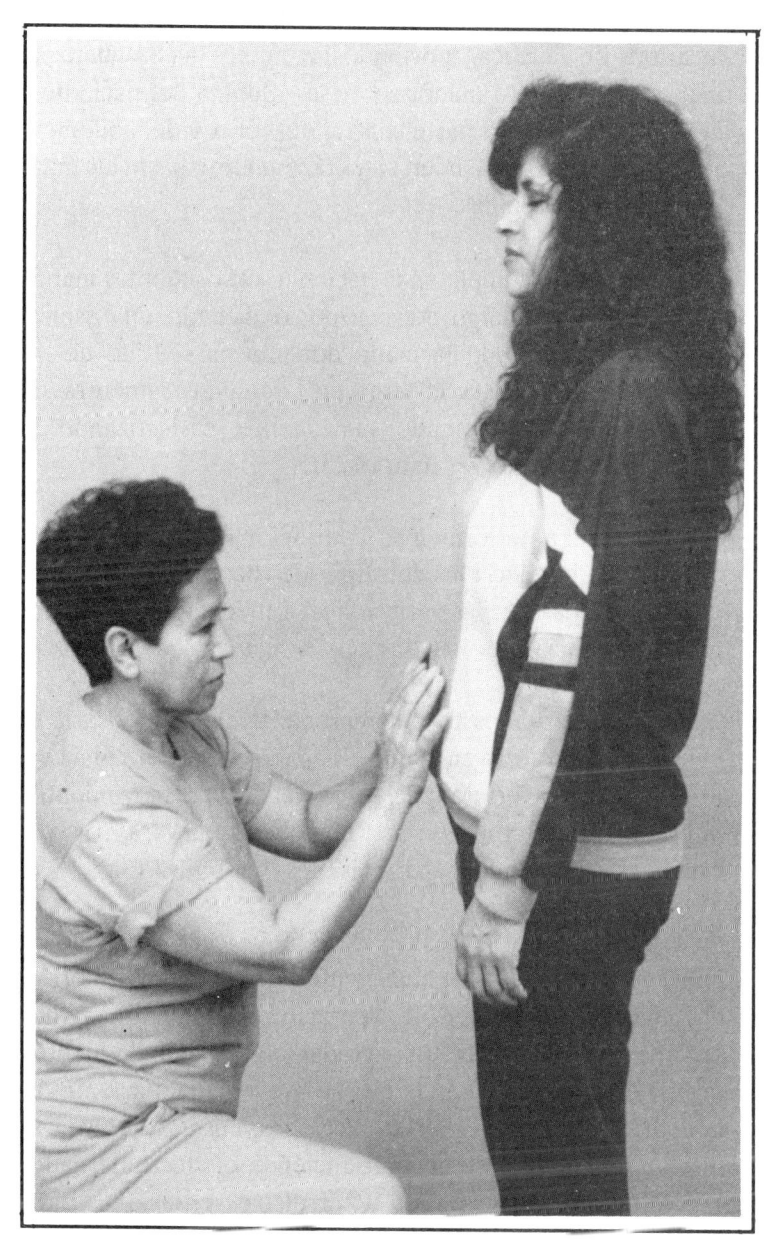

Figura 12c.

la altura de la nuca, moviendo las manos hacia abajo; la mano derecha del sanador sobre la columna del paciente y la izquierda sobre la parte central del tórax y del abdomen. Posteriormente se sacuden simultáneamente hasta alcanzar la altura de las rodillas.

Ese pase puede completarse, haciendo descender las manos lentamente, a lo largo del cuerpo, realizando una espiral descendente, girando la mano derecha en sentido de las manecillas del reloj, a lo largo de la columna, mientras la mano izquierda desciende suavemente, casi rozando la frente del paciente (ver figura 12d).

e) Como se dijo anteriormente, la intuición del sanador podrá ayudar en la elección del tipo de pase más indicado, pudiendo crear nuevas variaciones, a medida que adquiere más experiencia.

f) Otra forma más de pase, ya comprobada y de gran eficacia es el llamado *Pase Ruso* en el que el sanador mueve sus manos a lo largo del cuerpo del paciente. Realizando movimientos laterales firmes, cruzando una mano sobre la otra, como si estuviera espantando males invisibles (ver figura 13a).

Este movimiento se realiza de 3 a 7 veces. Durante la aplicación de la técnica, el paciente puede sentir escalofrío, hormigueos o cualquier otra sensación que paulatinamente se va transformando en una agradable sensación de bienestar general. Se recomienda que se prevenga al paciente de la aparición de este tipo de reacciones, mismas que son la prueba de que el pase está produciendo el efecto deseado. Por lo demás, no hace falta tener dichas sensaciones para que la técnica dé resultado (ver figura 13b).

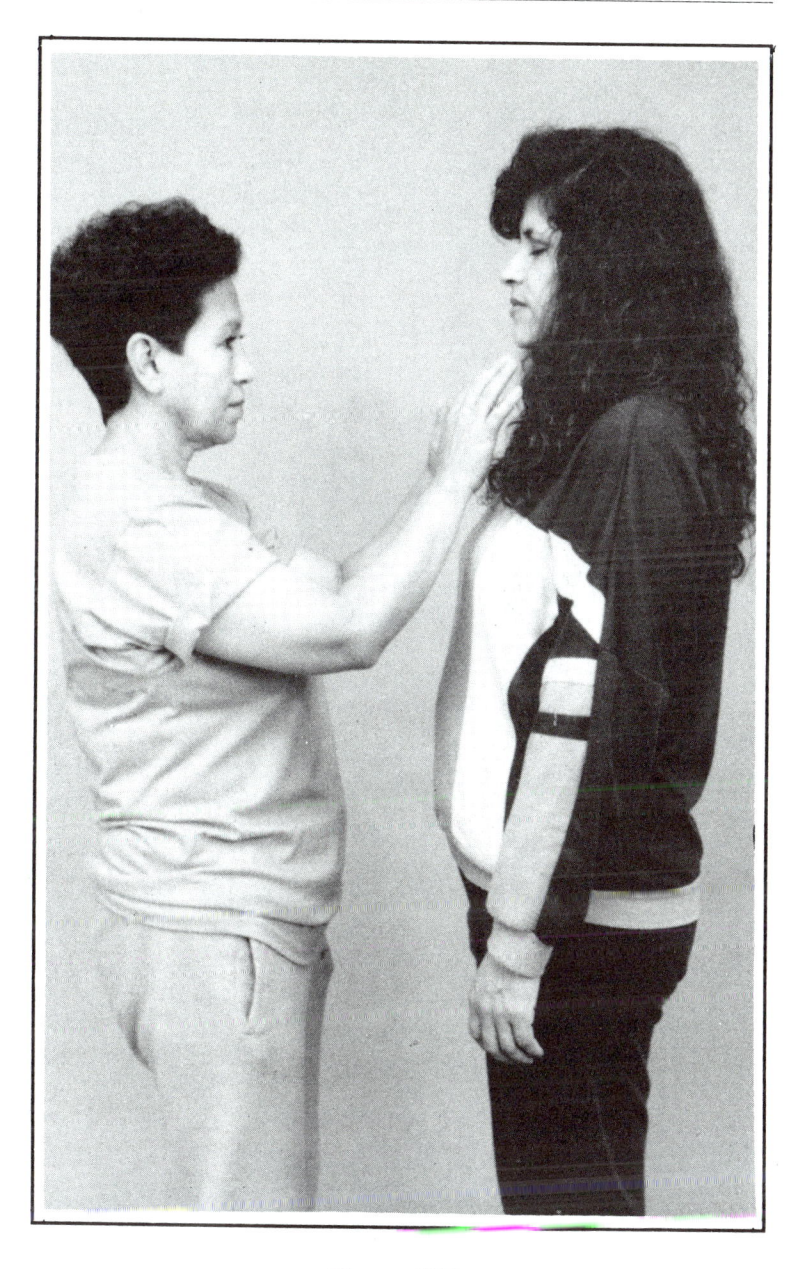

Figura 12d.

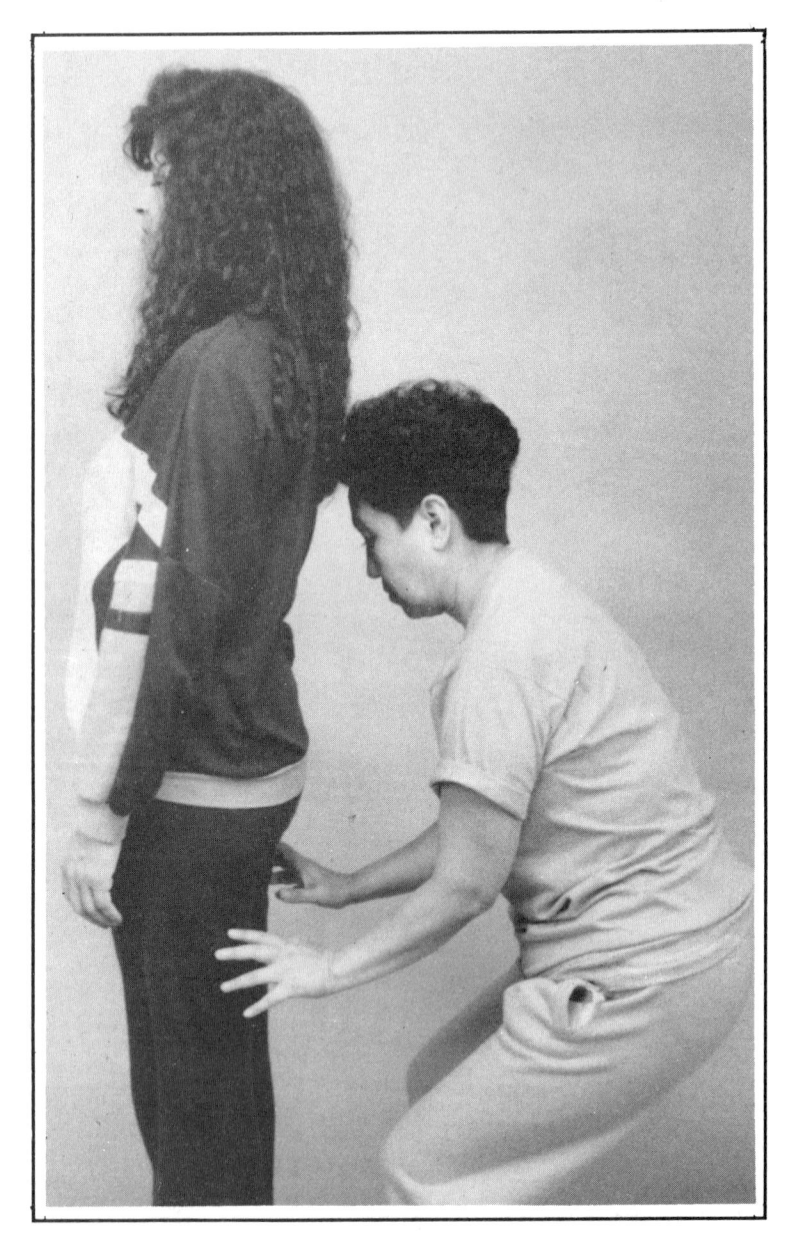

Figura 13a.

La imposición de manos y sus técnicas • 81

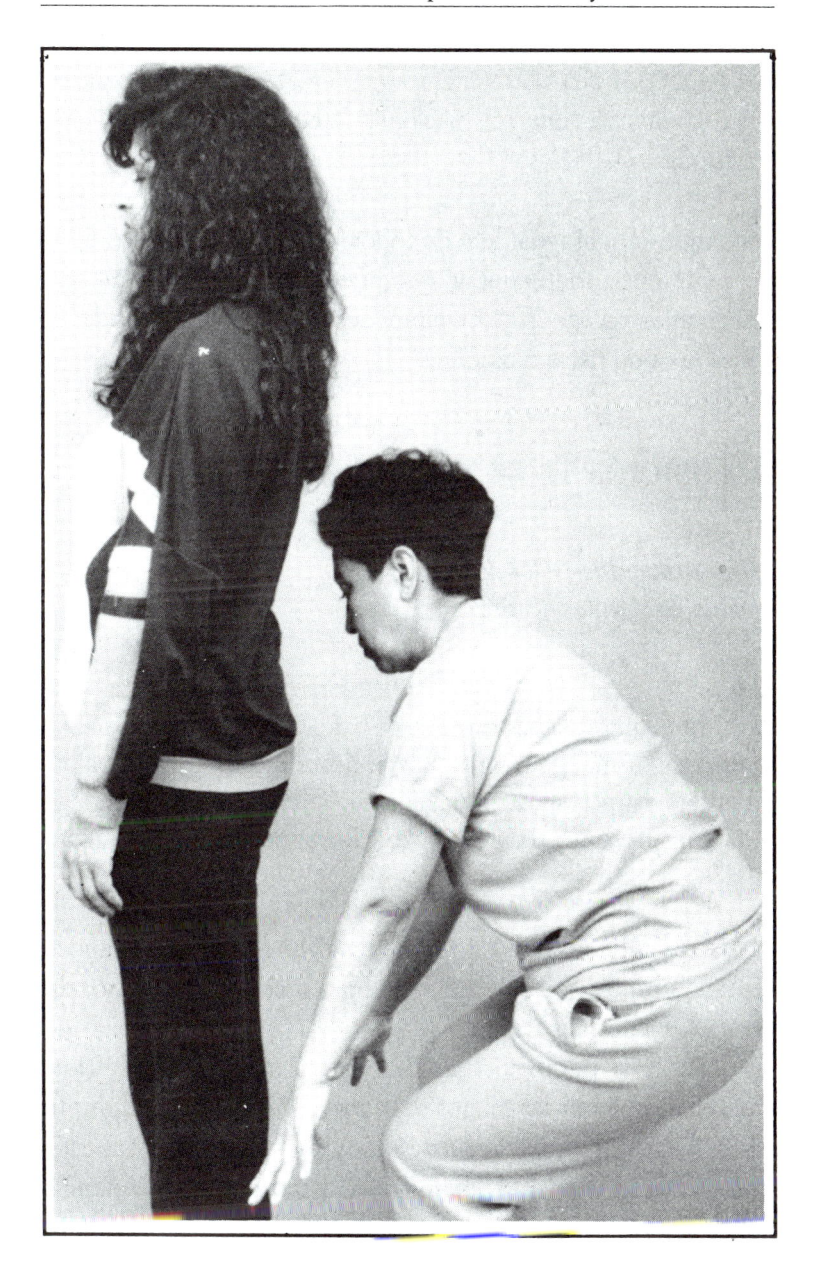

Figura 13b.

RECOMENDACIÓN: Durante la realización de los pases, se recomienda que el paciente efectúe una respiración profunda.

Asimismo, al igual que en todos los demás ejercicios de la presente obra, todo aquello que pueda contribuir a equilibrar y armonizar al cuerpo humano debe ser usado, cuando se busca la salud física o mental.

IMPOSICIÓN 11

Asma-Bronquitis-Dolor de espalda-Problemas de tórax

Para aliviar dolores en la región del pecho y de la espalda, tales como asma, neuralgia en la región superior de la espalda, dificultad para respirar, punzadas u opresión en el pecho, se indica la presente técnica y variaciones similares (ver figura 14).

El sanador se coloca detrás del paciente, quien permanece sentado en posición relajada. El sanador coloca sus manos en las partes laterales del pecho, tres o cuatro dedos debajo de las axilas. Así permanece durante 2 ó 3 minutos. Posteriormente, sin separar las manos del cuerpo del paciente, durante otros 2 ó 3 minutos, realiza suaves movimientos giratorios sobre el área que está tocando. Al igual que en las demás imposiciones, el paciente puede experimentar diversas sensaciones: calor, frío, hormigueos, etc. que después se transforman en agradable alivio.

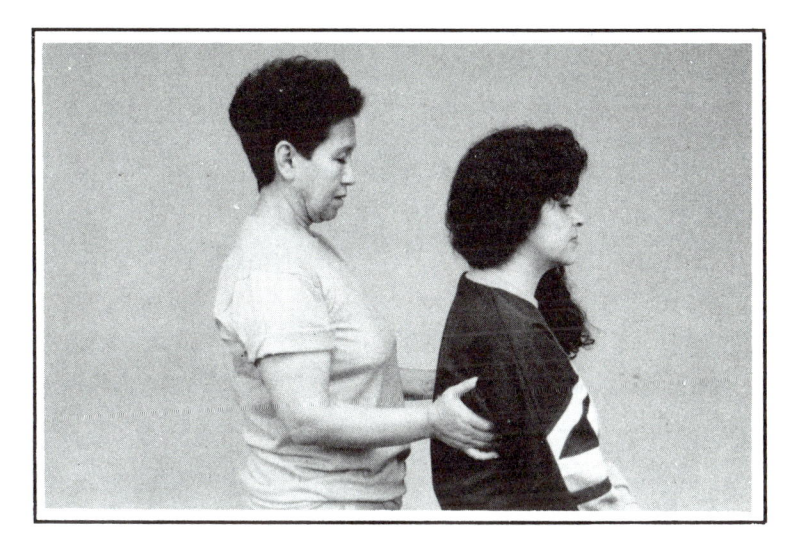

Figura 14

IMPOSICIÓN 12

Riñones: dolores y cálculos

Para aliviar dolores y cólicos renales, con la eliminación de cálculos (piedras), se indica la siguiente técnica (ver figura 15):

El paciente se coloca de pie o acostado en el caso de que se encuentre demasiado débil. El sanador sentado o de pie, a un lado del enfermo, coloca una mano delante del paciente, a la altura del estómago, y la otra a la altura del riñón. Así permanece por algunos minutos, y posteriormente realiza movimientos rotativos en sentido de las manecillas del reloj, con la mano que tiene apoyada sobre el riñón (ver figura 16).

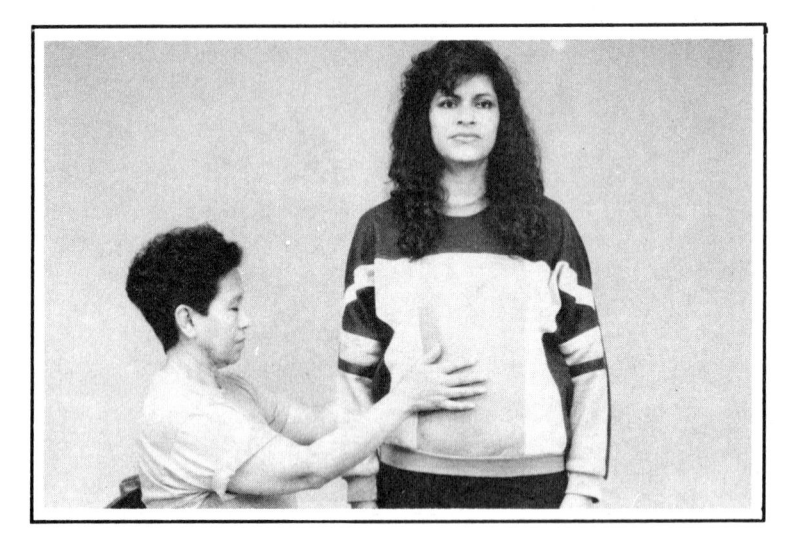

Figura 15

Todo el ejercicio debe tardar de 2 a 5 minutos. Tanto sanador, como paciente, podrán tener la sensación de calor, frío, adormecimiento de la mano que se posa sobre el riñón. Al igual que las técnicas anteriores, debe quedar claro que no es necesario experimentar sensación alguna para el éxito de la aplicación.

Para destruir y eliminar cálculos o cristales de los riñones, se utiliza la misma técnica y después de mantener las manos paradas, ejecutar los movimientos giratorios. Con la mano que está sobre el riñón, el sanador efectúa un movimiento como si estuviese triturando las piedras o cálculos, haciéndolos polvo, para que éste sea eliminado a través de la orina.

Para reforzar el efecto, es conveniente que el sanador y el paciente visualicen la pulverización de los cálculos.

Si los dos riñones estuviesen afectados, se aplica la técnica por separado para cada uno.

La imposición de manos y sus técnicas • 85

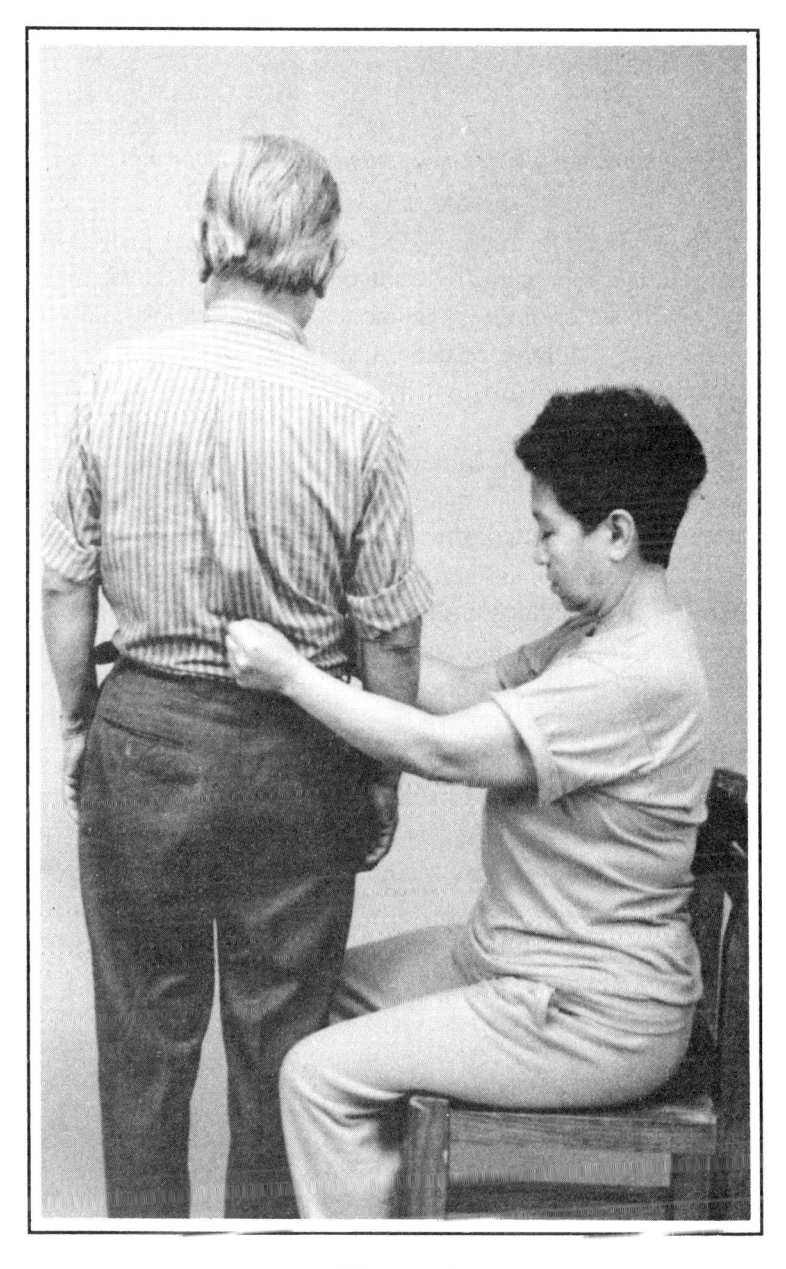

Figura 16

IMPOSICIÓN 13

Fatiga - pulmones - dolores en los hombros cuello - nuca y cabeza

Para buscar alivio y cura de todas las tensiones provenientes de fatiga, sobrecarga de trabajo o responsabilidades, males en la parte superior de los pulmones, tensión en los hombros, cuello, nuca y dolores de cabeza, se indica la presente técnica y sus variaciones:

El sanador se coloca de pie, detrás del paciente, los pulgares quedan sobre la espalda y los otros dedos, casi tocan los hombros. Las manos permanecen en esta posición de 3 a 5 minutos. Ejercen una ligera cierta presión sobre los hombros. Después de uno o dos minutos, el sanador podrá percibir una reacción del paciente, quien relaja los hombros, para acomodarse de una manera más confortable (ver figura 17).

Variación: Cuando la sensación de alivio se demora, el sanador podrá colocarse hacia el lado izquierdo del paciente, apoyar la mano izquierda en lo alto del pecho y realizar un suave movimiento en sentido de las manecillas del reloj, sobre la espalda, a la altura de los hombros.

IMPOSICIÓN 14

Congestión, angina de pecho.

Esta técnica es complemento de la número 6. Se utiliza especialmente en casos de congestión o angina, La mano derecha del sanador se sitúa arriba del estómago y la izquier-

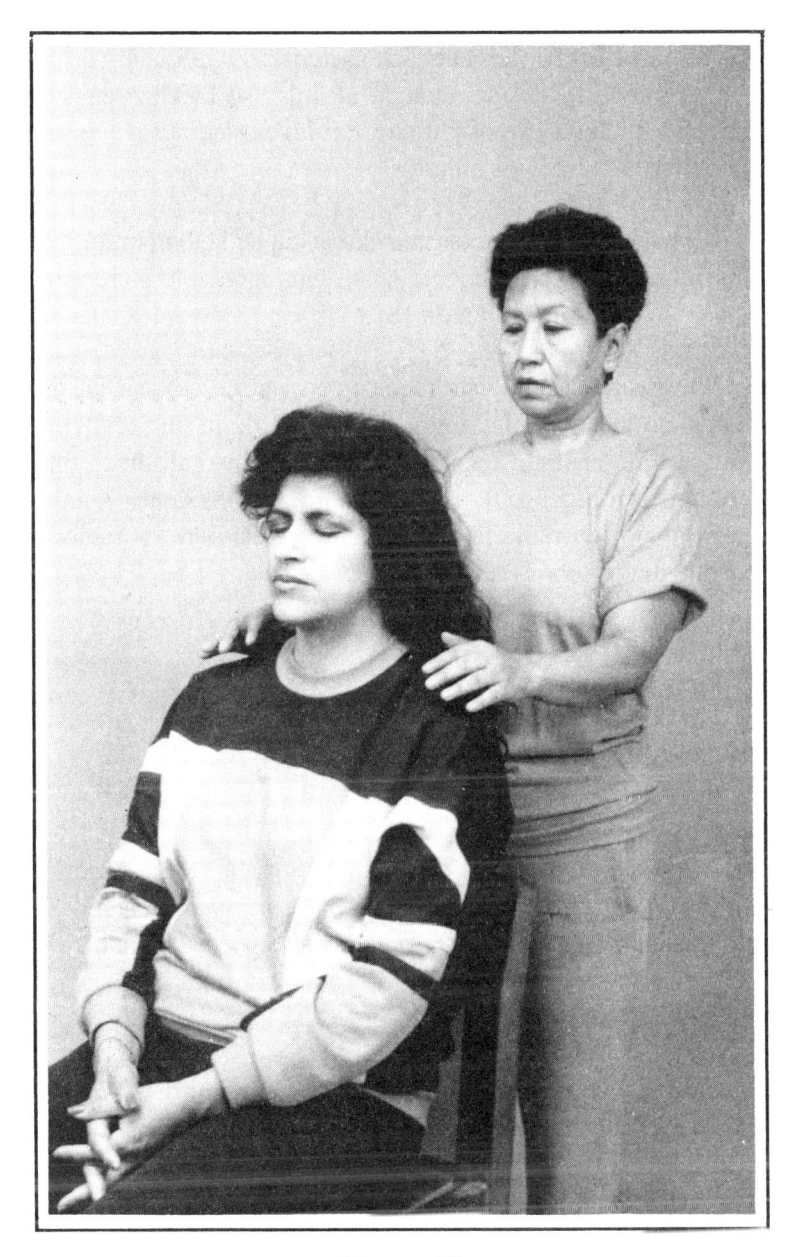

Figura 17

da, toma el brazo derecho del paciente. La posición de las manos puede invertirse, cuando el dolor se localiza en lado derecho. Incluso, es posible alternar las posiciones. La imposición tarda entre 3 y 5 minutos.

El paciente podrá notar una alteración de la temperatura en todo el cuerpo, generalmente como una agradable y creciente sensación de calor (ver figura 18).

Otra variación de esta técnica consiste en colocar las dos manos en la región del dolor, una a lado de la otra, evitando que se toquen. Esta técnica puede también realizarse como autoaplicación. En este caso, las puntas de los dedos quedan hacia abajo, entrabiertas, los pulgares se sitúan ligeramente encima de los senos (ver figura 19).

IMPOSICIÓN 15

Hígado-páncreas-sistema digestivo

El paciente de pie, el sanador sentado a su derecha. Coloca la mano izquierda sobre la parte inferior de la columna y la mano derecha en la región del hígado, del páncreas, del intestino o del estómago, según donde el paciente presente el problema.

Permanece en esta posición de 2 a 3 minutos. En casos más graves, después de dejar las manos en esta posición de 1 a 3 minutos, manteniendo la mano izquierda fija, levanta la mano derecha aproximadamente a unos dos centímetros y la hace girar en el sentido de las manecillas del reloj, alrededor de 2 minutos (ver figura 20).

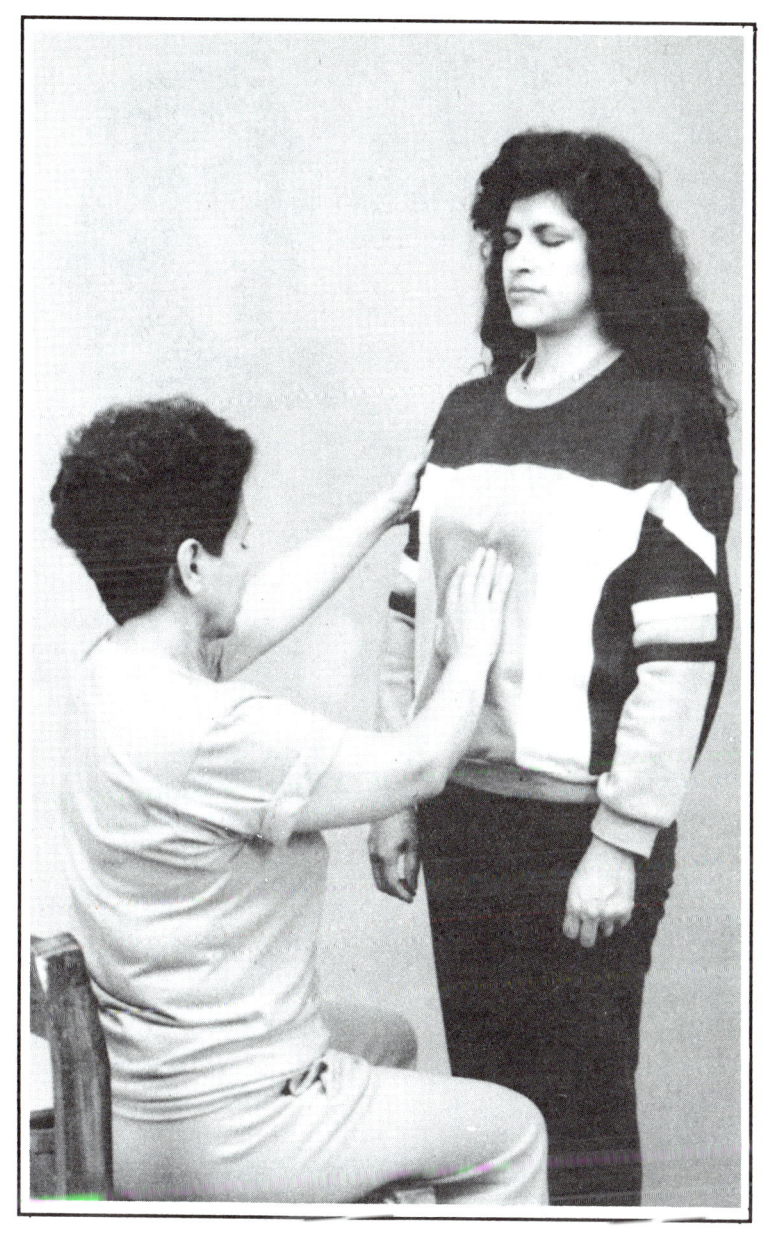

Figura 18

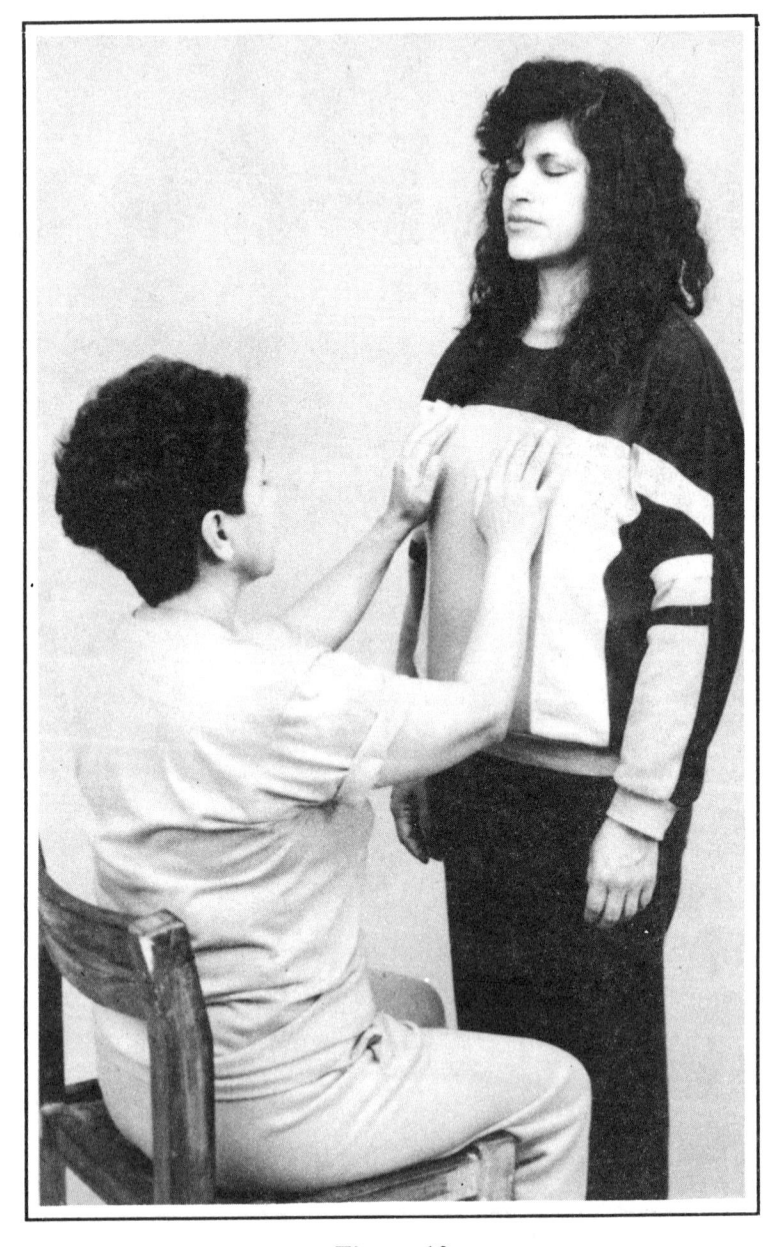

Figura 19

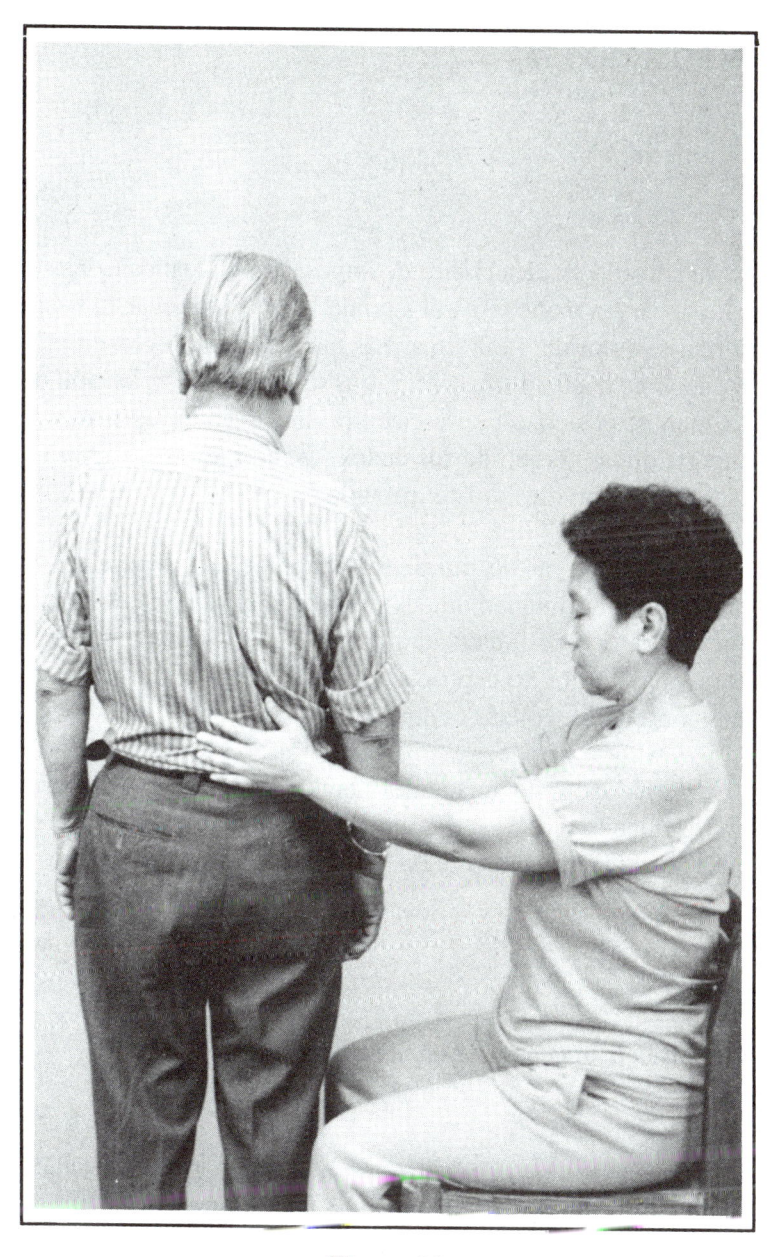

Figura 20

IMPOSICIÓN 16

Técnica clásica

La llamada técnica clásica de imposición de manos, consiste en colocar las manos una al lado de la otra, sin tocarse, sobre la región dolorida o enferma. Las manos permanecen en esta posición de 2 a 5 minutos. Mientras se realiza la imposición de las manos, el sanador se concentra, imaginando los rayos de energía que emergen de sus dedos y penetran en el órgano o área del cuerpo que se esté tratando.

El sanador puede quizá experimentar una sensación de calor, frío u hormigueo que es seguida de alivio y bienestar; lo que podrá ocurrir inmediatamente o bien algunos minutos u horas más tarde. Se aconseja repetir la técnica durante tres días consecutivos o más tiempo, si fuera necesario.

La curación de una enfermedad grave puede demorar días, semanas o meses. En muy pocas ocasiones la cura se produce de manera inmediata (ver Figura 21).

IMPOSICIÓN 17

Tensión en la espalda y columna vertebral

Para alivio y cura de la tensión o dolor en la espalda y columna vertebral, sensaciones de malestar, principalmente cuando se genera por esfuerzo físico. se indica la siguiente técnica:

La imposición de manos y sus técnicas • 93

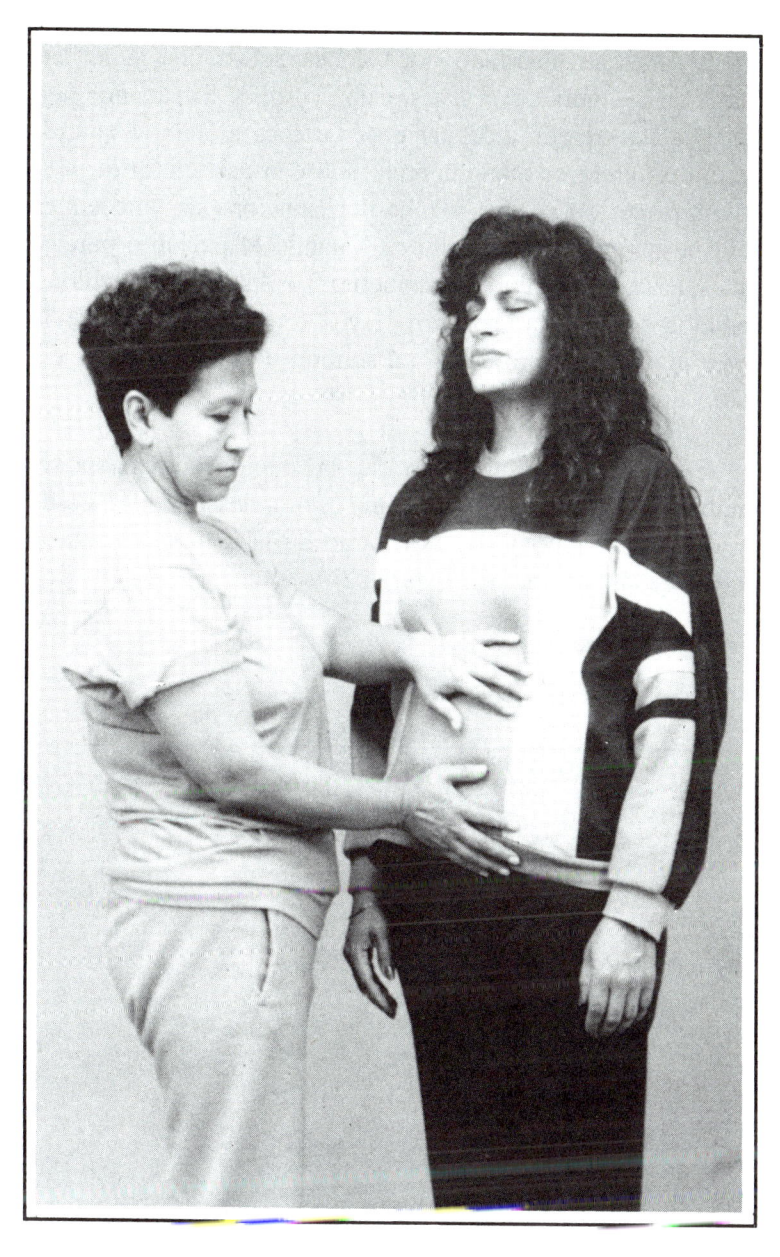

Figura 21

El paciente acostado boca abajo, sobre una superficie plana (piso, mesa de masajes, cama o sofá). El sanador permanece a la izquierda del paciente y coloca su mano izquierda en el occipital y su mano derecha sobre la parte inferior de la columna vertebral. Las manos del sanador permanecen en esta posición de 2 a 3 minutos. Cuando el paciente percibe una sensación de calor, hormigueo o frío, la mano derecha del sanador debe separarse entre 1 y 2 centímetros, realizando leves movimientos rotativos en sentido de las manecillas del reloj, alrededor de 3 minutos.

El movimiento giratorio de la mano derecha podrá también realizarse escribiendo una espiral descendente, desde la altura de los hombros, a lo largo de la columna, hasta la región de las caderas (ver Figura 22).

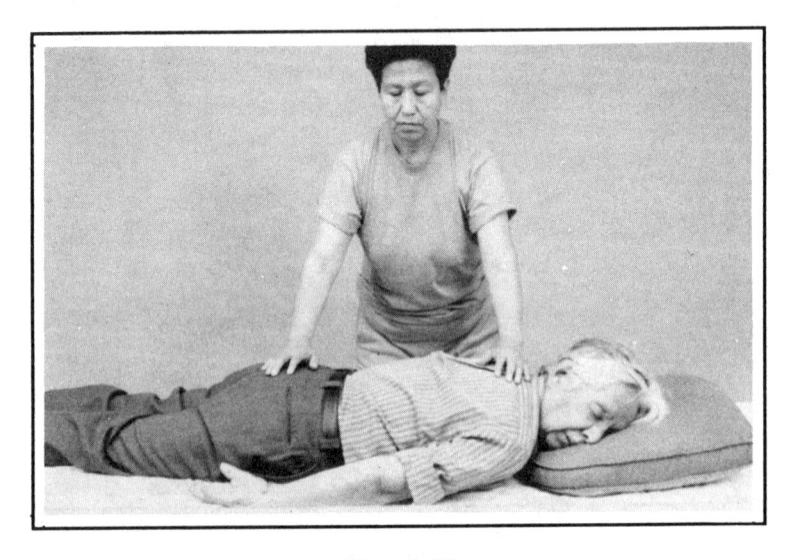

Figura 22

IMPOSICIÓN 18

Malestares en los órganos internos

Para obtener alivio y contribuir con la cura de los órganos podemos asociar la imposición de manos a la digitopuntura, por medio de presión sobre los puntos que corresponden, en la planta de los pies, a cada uno de los órganos internos (hígado, estómago, bazo, corazón, pulmones).

Durante la aplicación de esta técnica, el paciente permanece acostado, sobre una superficie plana. El sanador queda a la izquierda, de pie o sentado, apoyando la mano izquierda sobre la nuca, al tiempo que va buscando con el pulgar los puntos doloridos en la planta del pie. Un punto dolorido, según la digitopuntura, es un punto de congestionamiento de energía, indicando un desequilibrio en el flujo de energía electromagnética el organismo humano. Presionando o aplicando un suave masaje sobre el punto dolorido, el flujo energético mejora y el órgano correspondiente aumenta su desempeño, generando con ello el proceso curativo.

La presión o masaje sobre el punto dolorido deberá durar de 2 a 5 minutos. El paciente percibirá que el dolor sobre los puntos presionados o masajeados desaparece, al mismo tiempo que la tensión o desequilibrio sobre los órganos correspondientes (ver Figura 23).

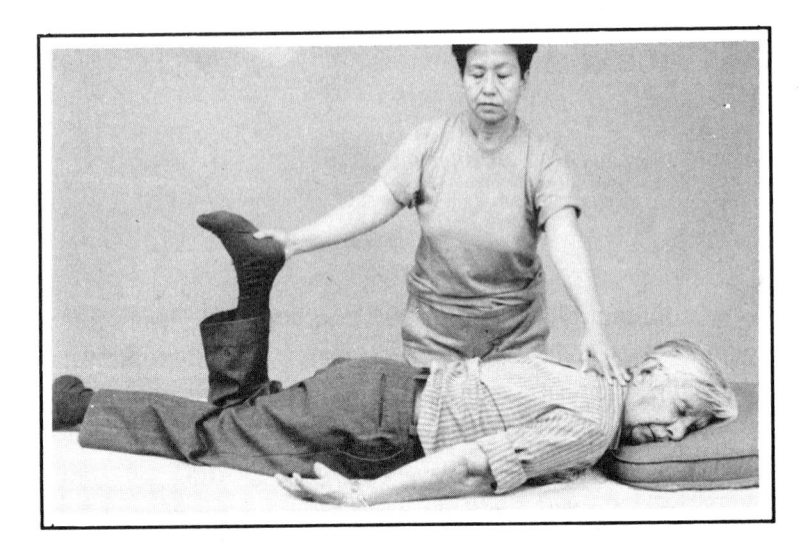

Figura 23

IMPOSICIÓN 19

Vejiga, disturbios sexuales, tensión en la pelvis

Los disturbios sexuales, de vejiga, o de tensión en la pelvis que generalmente se acompañan de dolor de cabeza, sobre todo cuando es de naturaleza física, pueden aminorarse o curarse con la presente técnica:

El paciente de espaldas, cómodamente extendido sobre una superficie plana. El sanador coloca su mano derecha en el bajo vientre, a la altura de la vejiga y su mano izquierda sobre la frente del paciente. Así permanece en esta posición alrededor de 2 minutos, hasta que aparezca en su mano la sensación de calor, frío o bien de hormigueo. Entonces levanta la mano izquierda y permanece así de 2 a 3 minutos. Entretanto, la mano derecha, tocando ligeramente el cuerpo, puede ejecutar leves movimientos giratorios en el sentido de las agujas del reloj (ver figura 24).

Variación: El paciente puede, igualmente, permanecer de pie, el sanador a su lado, posa su mano izquierda sobre la parte baja de la espalda del sanador y la derecha ejecuta suaves movimientos giratorios, en sentido de las manecillas del reloj, sobre la región del bajo vientre, sin tocar el cuerpo del sanador.

En esa misma posición se pueden realizar con las manos movimientos de aproximación y alejamiento del cuerpo, como quien estira una banda elástica. Este movimiento puede producir sensaciones de atracción, como un imán, sensaciones de hormigueo o frío. Una vez que estas sensaciones desaparecen de las manos del sanador, es señal de que el campo energético está en equilibrio.

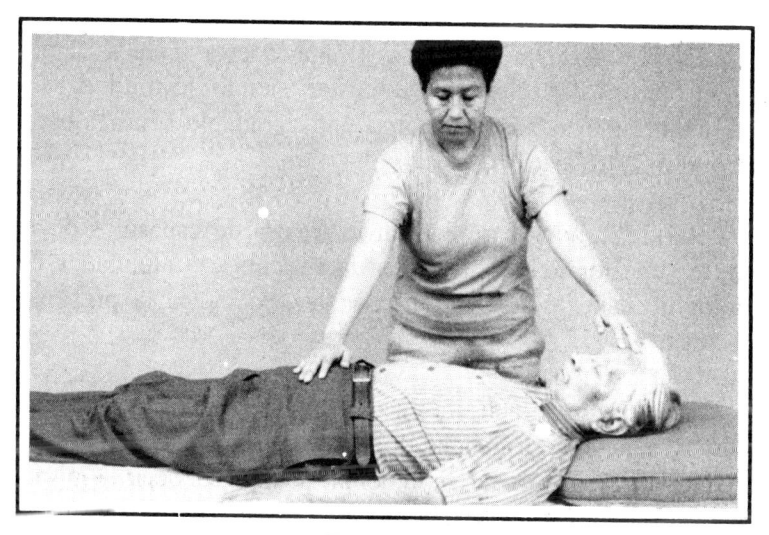

Figura 24

IMPOSICIÓN 20

Tensiones en la región del estómago, vientre, diafragma o musculatura de la nuca.

Para armonizar la parte media del cuerpo, aliviar tensiones en la región del estómago, en la del vientre, en el diafragma, así como en la base de la nuca, puede usarse la siguiente técnica:

El paciente acostado, boca arriba, sobre una superficie plana. El sanador se mantiene a su derecha y conserva su mano izquierda sobre la parte inferior de la cabeza, sobre el occipital (nuca). La mano derecha reposa en la mitad del cuerpo, en la región del estómago. Así permanece cerca de 2 minutos. Cuando llega a experimentar sensación de calor, hormigueo o frío, la mano derecha realiza entonces movimientos giratorios leves, en sentido de las manecillas del reloj, sobre la región del estómago y el abdomen (ver figura 25).

Es probable que mientras se aplica esta técnica el paciente tenga la sensación de estar siendo levantado, experimentando al mismo tiempo una agradable sensación de abandono y relajación.

Para obtener un rápido alivio o cura de espasmos de la parte superior del vientre o en la vesícula, acompañadas de dolor de cabeza, indigestión y acidez, se indica la presente técnica:

El paciente se acuesta en una superficie plana, de espaldas. El sanador permanece de pie, a la derecha de él, con la mano derecha sobre la región del plexo solar, es decir la misma posición anterior, pero ahora con la mano izquierda en la frente del paciente (ver figura 26).

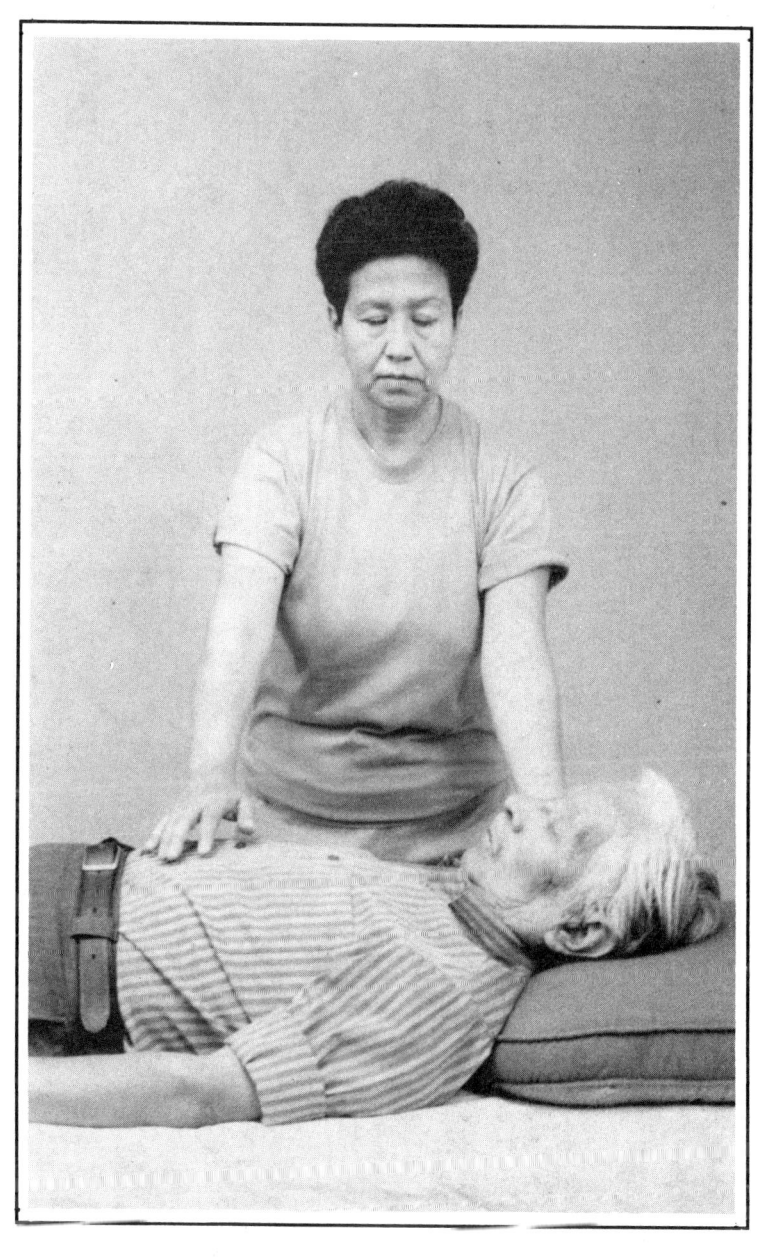

Figura 25

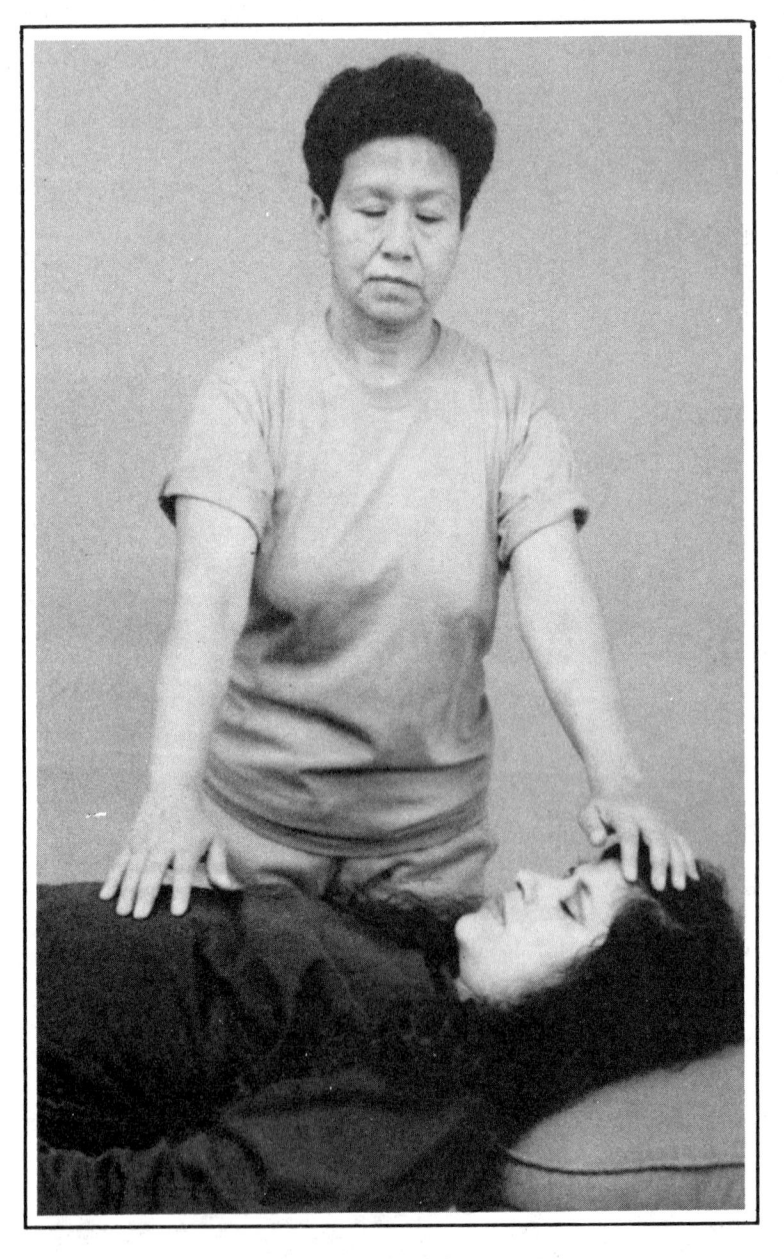

Figura 26

Variación: también puede utilizarse el pase realizado en el frente del cuerpo, o bien, posando las manos, una al lado de la otra, sin tocarse, al nivel de la vesícula y el estómago (ver figura 27).

IMPOSICIÓN 21

Males del bajo vientre y órganos sexuales

En casos de frigidez, impotencia, disturbios sexuales, problemas urinarios, padecimientos de vejiga, intestino perezoso, diarrea y todos los males de la región del bajo vientre, se indica la presente técnica:

Sentados frente a frente, el sanador coloca sus manos una al lado de la otra con la palma hacia abajo, sin tocarse entre sí, sobre la parte del bajo vientre. Así permanece cerca de tres minutos, cuando surge una sensación de calor, se describen movimientos rotativos en sentido de las manecillas del reloj, manteniendo contacto con el cuerpo o alejando las manos a unos tres centímetros, durante dos o tres minutos.

Variación: el paciente de pie, el sanador inclinado sobre el lado derecho del paciente, coloca la mano izquierda sobre la parte inferior de la columna vertebral y la derecha sobre la región del bajo vientre, alrededor de tres minutos. Se realizan movimientos giratorios en el sentido indicado.

En esta misma posición, el sanador puede ejecutar movimientos de aproximación y separación, lenta y cadenciosamente (ver figura 28).

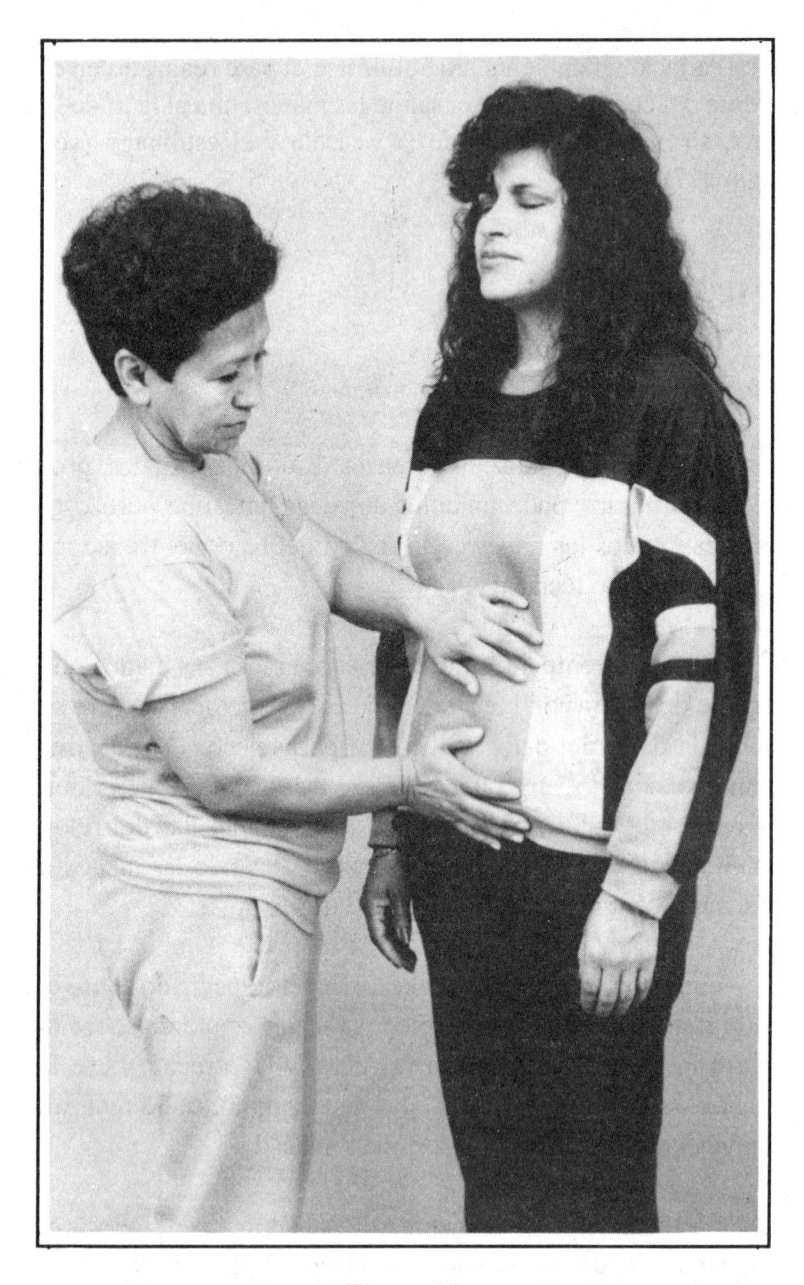

Figura 27

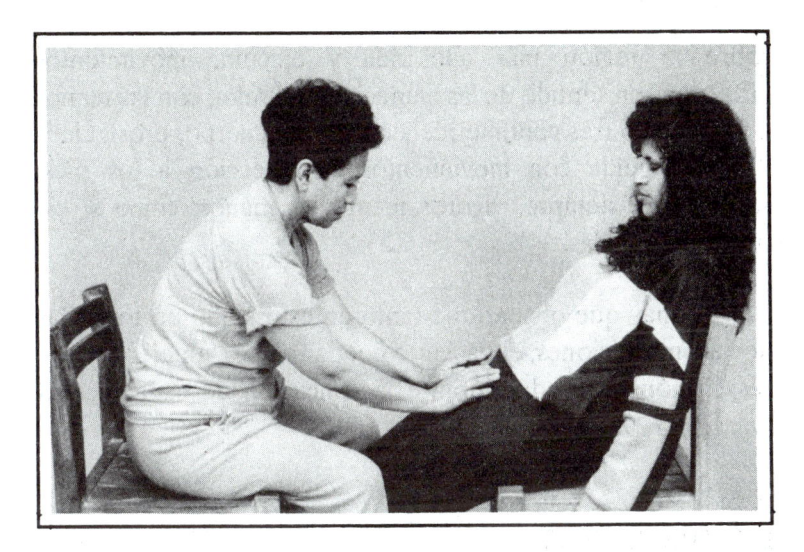

Figura 28

IMPOSICIÓN 22

Dolores de piernas y en la región inferior de la Pelvis

Para aliviar problemas de circulación, calambres, dolores en las piernas, dolores musculares en la región inferior de la pelvis, se indica la siguiente técnica:

El paciente acostado, de espaldas sobre una superficie plana, el sanador, sentado o de pie, coloca las manos a los lados de la cadera; seguidamente desliza sus manos a lo largo de las piernas, hasta los pies y las sacude enérgicamente.

Después de los primeros movimientos a lo largo de las piernas, se pueden detener las manos y posarse suavemente sobre la región más adolorida y ejecutar movimientos giratorios, en sentido de las manecillas del reloj, con las manos a unos dos o tres centímetros alejadas del cuerpo, prosiguiendo en seguida con movimientos en dirección a los pies; sacudiendo, siempre, vigorosamente las manos, como si estuvieran mojadas.

No hay que olvidar que tanto en este como en todos las demás imposiciones, el paciente puede realizar un ejercicio de respiración profunda, durante la aplicación de cada técnica (ver figura 29).

IMPOSICIÓN 23

Páncreas, bazo, sistema digestivo

Para el tratamiento de la diabetes, disturbios del sistema digestivo (estómago, hígado, intestino grueso y delgado, divertículos), padecimientos del bazo o del páncreas, se aconseja la siguiente técnica:

Variación: el paciente de pie, el sanador cómodamente sentado o agachado al frente, las manos una al lado de la otra, sin tocarse, sobre la región superior del vientre, los dedos hacia arriba o sobre la región afectada.

Así permanece durante cinco minutos, con la opción de ejecutar movimientos giratorios simultáneos con ambas manos (ver figura 30).

El paciente acostado, boca arriba, el sanador coloca su mano izquierda sobre la región del estómago y la mano

La imposición de manos y sus técnicas • 105

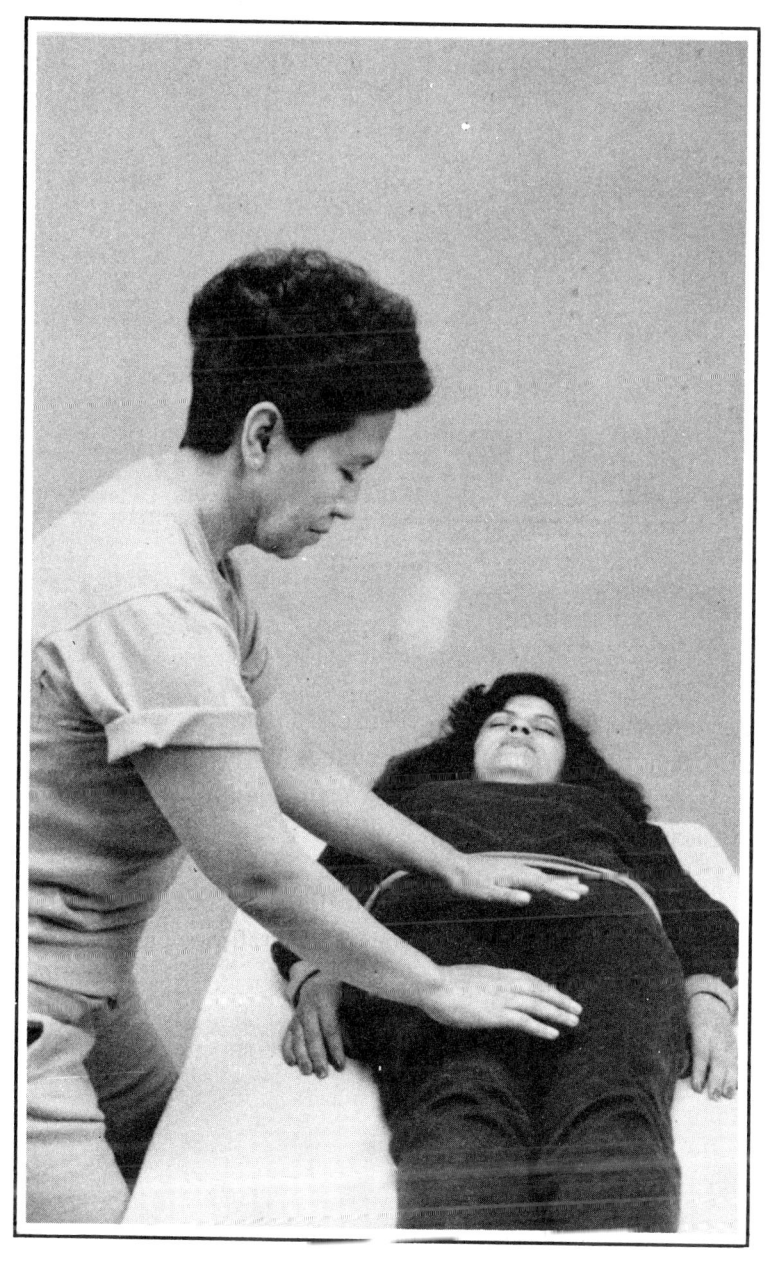

Figura 29

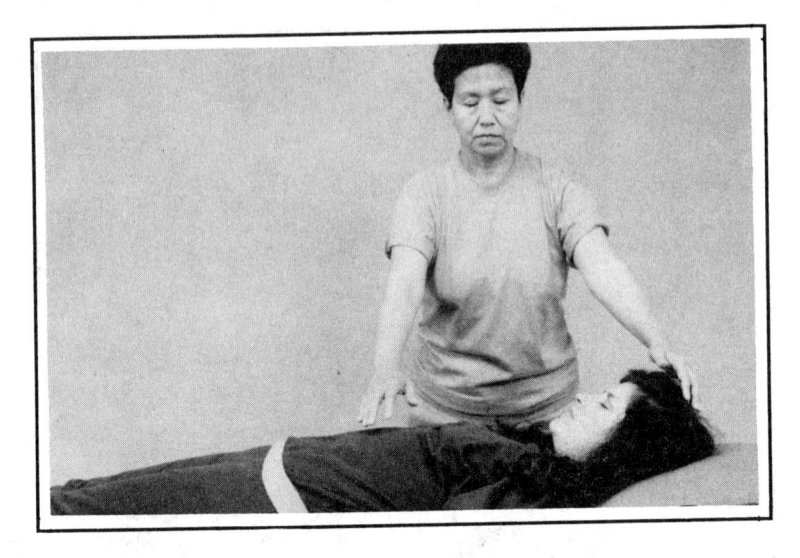

Figura 30

derecha sobre la región del vientre (sobre el órgano afectado o la región dolorida). Así permanece durante tres a cuatro minutos. Durante ese lapso, el paciente tiene una agradable sensación de calor.

Si se cree necesario, la mano derecha podrá realizar un suave masaje ejecutando movimientos giratorios en el sentido siempre indicado.

Esta técnica puede utilizarse también como autoaplicación.

IMPOSICIÓN 24

Depresión-ciática-hemorroides

Para alivio y cura de la depresión, ciática, hemorroides, problemas renales y otros males de la parte inferior de la columna se aconseja la siguiente técnica:

Ambos de pie, el sanador a la espalda del paciente. El sanador coloca su mano derecha en la región lumbar de la columna, la mano izquierda sobre el lado derecho y después del izquierdo de la pelvis.

La imposición tarda 1 a 3 minutos de cada lado. Los dedos de ambas manos apuntan hacia la misma dirección. Cuando se experimenta una sensación de calor, frío u hormigueo, la mano que estaba sobre la pelvis, describe leves movimientos giratorios, en sentido de las manecillas del reloj, y manteniendo contacto con el cuerpo del paciente, durante tres minutos aproximadamente (ver figura 31).

IMPOSICIÓN 25

Cansancio, agotamiento general

Para aliviar los males de la cabeza, cansancio en los brazos, peso en los hombros y agotamiento general, se indica la presente técnica:

El paciente sentado, el sanador de pie, atrás de él, coloca las manos sobre la cabeza, quedando la mano derecha sobre la frente del paciente y la mano izquierda en lo alto de la cabeza.

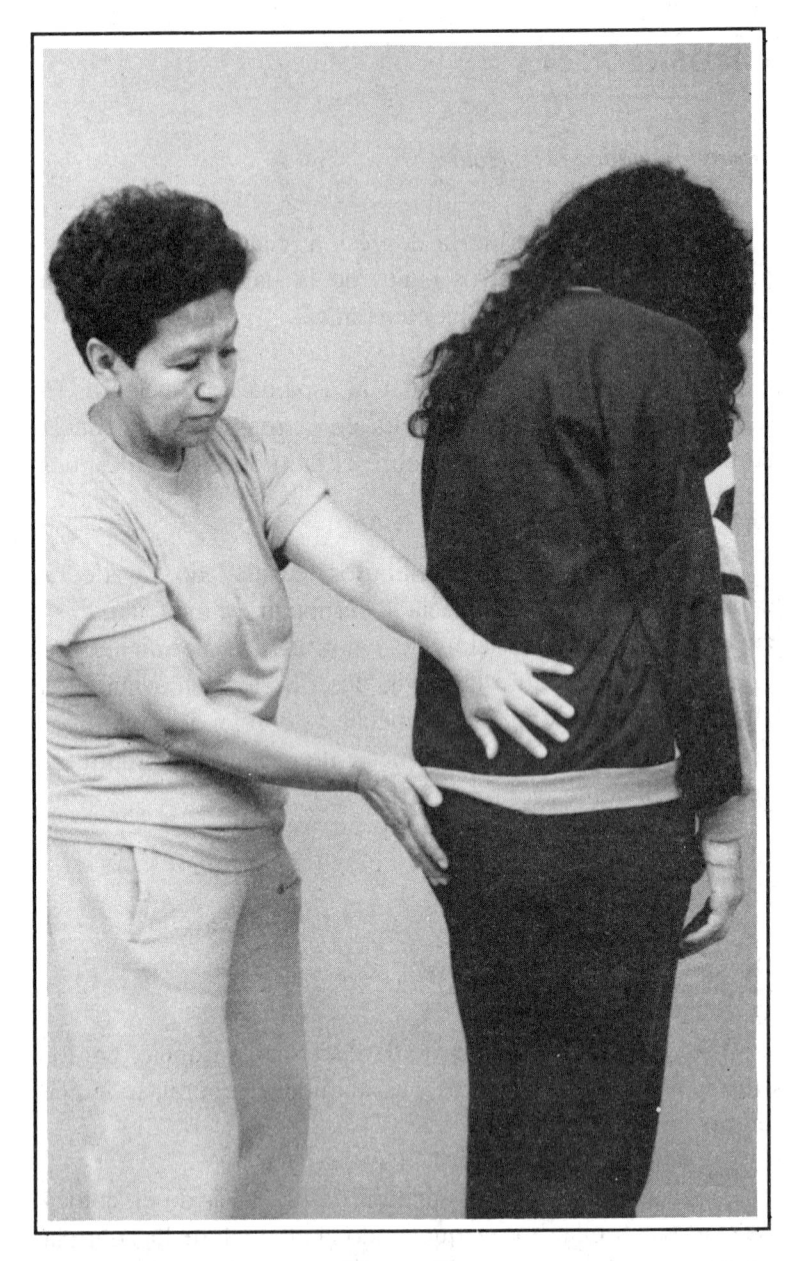

Figura 31

Así permanece en esta posición alrededor de tres minutos, evitando hacer presión o peso sobre la cabeza del paciente, a fin de evitar una sensación de molestia (ver figura 32).

Pocos minutos después se experimenta una sensación de calor agradable, en este momento el sanador separa las manos a unos dos centímetros y así las mantiene hasta que la sensación de calor desaparece.

Variación: Esta técnica puede ser substituida o complementada con el pase realizado sobre la cabeza y los hombros, de preferencia con el pase ruso.

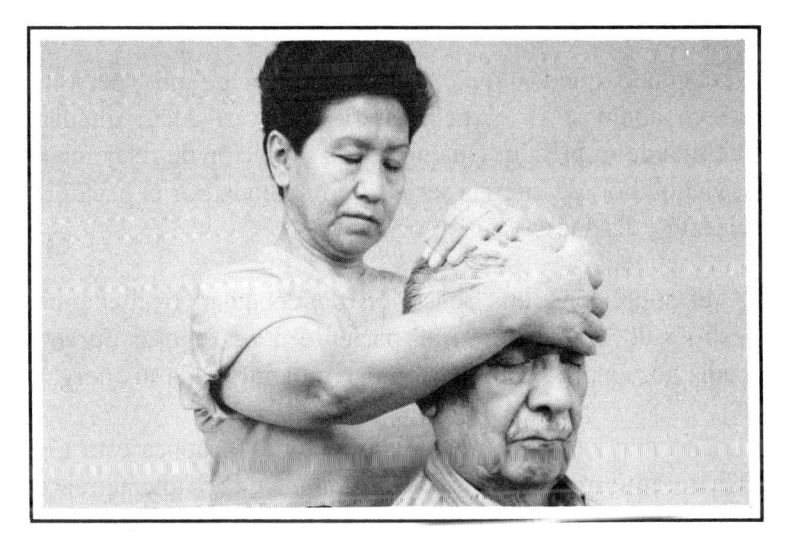

Figura 32

IMPOSICIÓN 26

Equilibrio general de energía

Para eliminar el cansancio físico, sensación de fatiga, stress, tensión nerviosa e irritabilidad, se indica la presente técnica, que posee eficacia semejante a un pase y es la más efectiva para alcanzar un equilibrio general de energía. En los casos en los que existe tal desequilibrio, es posible detectar una sensación como de piquetes de agujas en determinada área del campo energético.

Después de frotarse las manos una con otra, como se mostró al principio del presente libro, el sanador coloca la mano izquierda sobre la cabeza y la derecha sobre los pies del paciente, sin tocarle el cuerpo. Las manos se mantienen alejadas de 1 a 2 centímetros de la cabeza y de los pies del paciente.

Cuando queda equilibrada la energía de una persona, parece como si su esencia interior por así decir, quedara liberada de su prisión. Una profunda sensación de relajamiento y equilibrio de energía será experimentada por el paciente, durante y después de la aplicación.

Si sobreviene una sensación de debilidad o abandono, después de la imposición, el paciente debe reposar durante media hora o más. Gradualmente, recuperará toda su energía.

Los mejores resultados se obtienen si se aplica esta técnica durante tres días consecutivos; amén de complementar el tratamiento con una alimentación balanceada y ejercicios físicos adecuados a cada persona (ver figura 33).

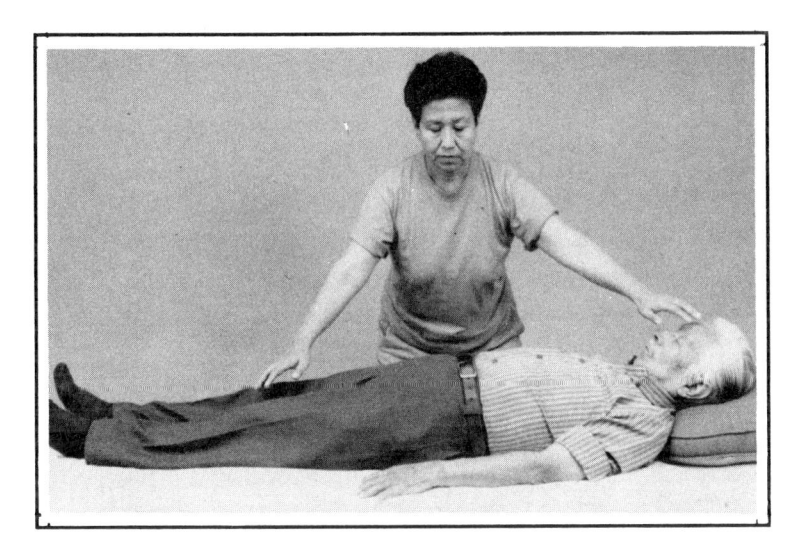

Figura 33

BIBLIOGRAFÍA

Back, Hugolino
Grisa, Pedro A.
La cura por imposición de las manos
Edipappi.
Brasil 1989.
162 pp

Brennan, Ann B.
Manos que curan
Ediciones Martínez Roca
Barcelona 1992
255 pp

Chang, Stephen
El libro de los ejercicios internos
Edit. OGP. Buenos Aires
1986
183 pp

Dychtwald, Ken
Cuerpo-mente
Lasser-Press Mexicana, S.A.
México 1978 273 pp

Kuthumi Kul, Djwal   *El aura humana. Según el cristianismo esotérico.*
LC. Ediciones Buenos Aires
1988
272 pp

Macrae, Janet   *Manos milagrosas*
Selector México 1991
120 pp

Maguy, Lebrun   *Médicos del cielo. Médicos de la tierra*
Edit. Javier Vergara
Buenos Aires 1991
300 pp

Roman, Sanaya   *Canalizar*
Packe, Duane
Arbol Editorial.
México 1989
201 pp

CONTENIDO

Introducción 5

El método de la imposición de manos 9

La energía universal y humana 13

El aura humana 21

El aura y los siete Chakras 29

Situación de los Chakras en los distintos cuerpos 35

    El Cuerpo etéreo (primera capa) 35

    El Cuerpo emocional (segunda capa) 36

    El cuerpo mental (tercera capa) 36

    El nivel astral (cuarta capa) 36

    El cuerpo del patrón etéreo (quinta capa) 37

    El cuerpo celestial (sexta capa) 37

    El patrón cetérico (séptima capa) 37

La formación del sanador 39

La enfermedad y el proceso curativo 47
   La salud 51
La imposición de manos y sus técnicas 53

Técnicas 55
   Imposición 1
   Actitud receptiva 58

   Imposición 2
   Nariz-garganta-oídos-neuralgia 60

   Imposición 3
   Dolores de cabeza, jaquecas
   y alteraciones nerviosas 61

   Imposición 4
   Ojos-circulación-
   respiración-digestión 62

   Imposición 5
   Dolores de nariz o dentales 65

   Imposición 6
   Pulmones-asma-estómago-
   corazón-tensión nerviosa 65

   Imposición 7
   Disturbios de la palabra,
   tartamudez y dolor de oídos 68

   Imposición 8
   Disturbios con temperatura
   elevada-insolación 69

   Imposición 9
   Columna vertebral y stress 70

   Imposición 10
   Pases-equilibrio global 72

Imposición 11
Asma, bronquitis -dolores de espalda-
problemas de tórax 82

Imposición 12
Riñones: dolores y cálculos 83

Imposición 13
Fatiga -pulmones- dolores en los
hombros, cuello, nuca y cabeza 86

Imposición 14
Congestión, angina de pecho 86

Imposición 15
Hígado-páncreas-sistema digestivo 88

Imposición 16
Técnica clásica 92

Imposición 17
Tensión en la espalda y
columna vertebral 92

Imposición 18
Malestares en los órganos internos 95

Imposición 19
Vejiga, disturbios sexuales, tensión
en la pelvis 96

Imposición 20
Tensiones en la región del estómago,
vientre, diafragma o musculatura de
la nuca 98

Imposición 21
Males del bajo vientre y
órganos sexuales 101

Imposición 22
*Dolores de piernas y en la región
inferior de la pelvis* 103

Imposición 23
Páncreas, bazo, sistema digestivo 104

Imposición 24
Depresión-ciática-hemorroides 107

Imposición 25
Cansancio, agotamiento general 107

Imposición 26
Equilibrio general de energía 110

Bibliografía 113